행동을 바꾸고
자존감을 높이는
부모의 말

초 판 1쇄 발행 2016년 6월 15일
초 판 9쇄 발행 2022년 8월 5일

지은이 낸시 사말린 · 모라한 자블로
옮긴이 김혜선
펴낸이 김은선

펴낸곳 초록아이
주 소 경기도 고양시 일산서구 주화로 180 월드메르디앙 404호
전 화 031-911-6627
팩 스 031-911-6628

등 록 제410-2007-000069호 (2007. 6. 8)

ISBN 978-89-92963-20-6

푸른육아는 도서출판 초록아이의 임프린트로 육아서 브랜드입니다.

＊잘못된 책은 바꾸어 드립니다.

행동을 바꾸고 자존감을 높이는 부모의 말

낸시 사말린 · 모라한 자블로 지음 | 김혜선 옮김

푸른육아

대화 방법을 바꾸면
아이의 행동이 바뀐다

잠자는 아이의 얼굴을 보면 평화롭다. 그런 얼굴을 보면서 부모는 마음속 깊이 아이에 대한 사랑을 느낀다. 하지만 그 아이가 깨어나서 돌아다닐 때는 얘기가 달라진다. 식탁에 우유를 엎지르고, 슈퍼마켓 선반에서 참치 통조림을 끌어내리며, 블록을 마구 집어던지기도 한다. 그뿐인가, 동생을 때리고, 이웃들에게 예쁜 모습 좀 보여주었으면 할 때는 다른 때보다 더 떼를 부린다. 그런 아이들을 마냥 예쁘다고만 생각할 만한 부모는 많지 않다.

부모는 말을 듣지 않는 아이에게 잔소리하고, 야단치고, 비난하고, 윽박지르고, 벌을 준다. 자신도 모르는 사이에 험한 말을 퍼부어서 아이의 마음에 상처를 주기도 한다. 그로 인해 느끼게 되는 죄책감을 처리하는 일도 만만찮은 과제다.

진실을 말하면, 사랑과 선의만 갖고서 아이의 행동을 변화시키기는 어렵다. 상황에 따른 적절한 기술이 필요하다. 다음과 같은 대화는 부모와 아이 사이에서 쉽게 싸움을 불러일으킨다.

> **엄마** 지민아, 조심해. 그러다 우유 엎지르겠다.
>
> **지민** 괜찮아요, 안 엎질러요.
>
> **엄마** 너 전에도 안 엎지른다고 했다가 엎질렀잖아. 그러니까 조심해야지. 그렇게 컵을 식탁 가장자리에 두니까 엎지르는 거야.
>
> **지민** 안 엎지른다고요!

잠시 후에 지민이가 우유를 엎질렀다.

> **엄마** 거봐! 엄마가 뭐랬어. 조심하라고 했잖아. 컵을 제대로 두라고 수백 번은 말했을 거다. 넌 애가 왜 그렇게 칠칠치 못한 거니? 어서 엎지른 거 닦지 못해?

그 다음에 벌어질 상황은 뻔하다. 아이는 툴툴거리며 우유를 닦을 것이고, 엄마는 못마땅한 표정으로 아이를 지켜볼 것이다.

아이를 낳기 전 내 직업은 교사였다. 그래서 학생들에게 인내심을 발휘했던 것처럼 내 아이에게도 인내심을 발휘할 수 있으리라고 생각했다. 하지만 실제로 아이를 낳고 보니, 세상에서 가장 어렵고 힘든 직업이 부모라는 것을 새삼 깨닫게 되었다.

나는 아이에게 자상하고 모범이 될 만한 부모, 말하자면 세상에서 가장 위대한 엄마가 되고 싶었지만, 활달하고 불완전한 두 아들과 함께 생활해 나갈 준비가 전혀 되어 있지 않았다. 아이들은 장난꾸러기에다 절제력도 부족했다.

머리로는 아이들의 마음에 공감해 주겠다고 결심했지만, 입으로는 비난을 일삼았다. 그러는 동안 아이들은 형제애라고는 전혀 알지 못하는 것처럼 늘 티격태격했다. 잔소리하고 싶지 않았으나, 잠자코 있을 수 없는 상황들이 내 인내심을 비웃었다. 아이들이 엄마인 나를 존중해 주기를 바라는 게 사치인가 싶을 만큼 아이들은 말대꾸를 일삼았다. 경청해 주기를 바라는 내 마음을 아이들은 무시했다.

해결 방법을 찾아야 했다. 그래서 육아서를 닥치는 대로 읽었다. 책에서는 모든 것이 너무나 쉬워보였다. 그래서 오늘부터는 절대 소리를 지르거나 잔소리하지 않고 아이들을 훈육하겠다는 결심을 하기도 쉬웠다.

하지만 현실은 결코 만만치 않았다. 과일을 사러 갔을 때 아이가 수북이 쌓아놓은 사과 더미 안에서 함부로 사과를 쑥 빼내는 걸 보는 순간, 나는 소리를 지르고 말았다. 여태 해왔던 습관적인 훈육 방식으로 돌아가버린 것이다. 아이들에게는 일관성 있게 대해야 한다든지, 편애하면 안 된다든지, 부모가 참아야 한다든지 하는 말들을 실천할 수 있는 구체적인 기술이 필요했다.

그래서 나는 저명한 심리학자인 하임 기너트와 앨리스 기너트의 부모 워크숍에 참여했다. 아이들이 각각 여덟 살과 일곱 살일 때의 일이었다. 워크숍을 통해 나는 말이 아이에게 얼마나 큰 영향을 끼치는지 알게 되었다.

예를 들어 "조심해! 우유 엎지르겠다."는 말은 아이를 불안하게 만들고, "괜찮아요, 안 엎질러요."라고 방어적으로 대꾸하게 만든다. 그리고 실제로 이런 대화가 우유를 엎지르도록 유도한다고 한다. 식탁 가장자리에 컵을 둔다면 계속 엎지를 거라는 부모의 공격에 대해 아이는 반항 섞인 말을 할 뿐, 결코 컵을 다른 곳으로 옮겨놓지 않는다는 것은 진리나 다름없다. 따라서 아이의 행동을 변화시키려면 대화하는 방법부터 바꾸어야 한다.

시간이 흐르면서 나는 아이들의 행동에 자동적으로 반응하기보다는 내 자신을 제어하게 되었다. 다른 한편으로는 아이들이 하는 이야기에 경청하자 아이들의 행동에 긍정적인 변화가 나타나기 시작했다. 물론 큰소리치고 압박하고 추궁하는 훈육 방식을 새로운 방식으로 대체하기까지는 적잖은 시간이 걸렸다. 더구나 그 기술이 언제나 효과적인 것도 아니었다.

하지만 조금이라도 효과가 있는 것이 전혀 효과가 없는 것보다는 백배 낫다. 현재 우리 아이들은 청년이 되었다. 그 아이들은 서로 존중하고 신뢰하고 이해하는 기쁨을 누리고 있다.

우리 아이들, 나아가 우리 가족에게 이런 놀라운 변화를 선물해 준 대화 방법에 대해 알게 되자 나는 다른 부모들에게도 기회를 주고 싶어졌다. 과거의 내가 그랬듯이 너무나 많은 부모들이 아이에게 명령하고 설교하고 벌주고 물질적 보상을 주는 것 외에는 다른 훈육 방법을 알지 못하고 있다.

나는 지난 25년 동안 부모들에게 아이들과 대화하는 방법을 가르쳤으며, 상담학 학위를 취득하고 부모 지도 워크숍을 열었다. 워크숍을 시작한 이유는 부모에게 현재 자신이 말하는 방식을 깨닫게 하고, 자신이 한 말이 어떤 효과를 발휘하는지 알게 하며, 새로운 방식을 통해 자녀와 좀 더 좋은 관계를 맺을 수 있도록 도와주려는 것이었다.

결과는 성공적이었다. 부모들이 아이들과 새로운 방법으로 대화하자 아이는 반항 대신 협력을 선택했고, 부모와 아이가 서로 감정을 표현할 수 있게 되었으며, 부모는 아이에게 공감을 표하면서도 행동에 영향을 주게 되었다.

부모가 아이에게 충동적이고 자동적인 반응을 보이는 게 얼마나 의미 없는 일인지, 아이의 마음에 얼마나 큰 상처를 주는지 깨닫게 될 때 부모가 바뀐다. 이때 좀 더 사려 깊고 효과적인 방식으로 아이와의 대화에 나서게 되는 것이다.

이 책은 많은 부모들을 만나고 지도하면서 얻은 경험과 정보를 기초로 해서 만들어졌다. 따라서 마지막 책장을 넘길 때는 아이와 효과적으로 대화할 수 있는 기술을 몸에 익히게 될 것이다.

매일 되풀이되는 일상 속에서 아이와 힘겨루기를 해야 하는 게 부모의 자리다. 이 책에서 소개하는 대화들은 일상의 문제로 인해 힘겨워하는 부모들에게 문제 해결 방법을 알려줄 것이다. 아이에게 반응하고 대화하는 방법을 알게 되는 것은 물론이고, 깊은 생각 없이 하는 반응들이 아이에게 얼마나 나쁜 영향을 주는지도 알게 해준다. 따라서 아이의 행동이 바뀌고, 자존감이 상승하며, 부모와 자녀와의 관계가 돈독해지는 놀라운 경험을 하게 될 것이다.

차례

1장

부모의 잔소리가 늘어날수록
아이의 반항심도 커진다

2장

아이의 감정을 이해하고
대화의 물꼬 틀기

3장 벌이나 체벌은
아이의 반항심만 키운다

4장 부모의 화,
아이에게 지울 수 없는 상처를 남긴다

아이를 사랑하는 마음과는 다르게
부모는 하루 중 많은 시간을 아이에게
잔소리하고 화를 내면서 보내고 있다.
아이와 즐겁게 지내는 시간을 5분 늘리고,
아이에게 잔소리하는 시간을 5분 줄이는 것만으로도
아이와의 관계는 지금보다 훨씬 좋아질 것이다.
부모가 지금의 상황을 완전히 바꿀 수는 없지만,
지금까지와는 다른 새로운 방식으로
대화를 시도한다면 싸움의 빈도를 줄일 수 있다.

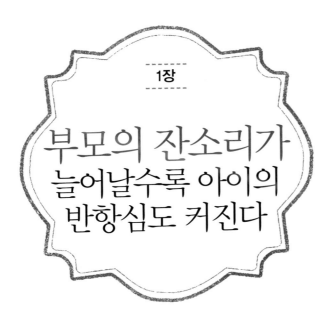

1장

부모의 잔소리가 늘어날수록 아이의 반항심도 커진다

잔소리,
부모의 말에 무감각해지게
만드는 주범

한 가지 제안을 해보려고 한다. 아이와 대화를 나눌 때 어떤 말을 하는지 30분이라도 녹음을 해보고 그것을 들어보라. 아마도 다음과 같은 소리들이 되풀이되는 것에 놀랄 것이다.

"어서 일어나. 옷 갈아입어야지. 얼른 아침 먹어라. 구부정하게 앉지 마. 머리 빗어라. 서둘러, 그러다 늦겠다. 조용히 해. 피아노 연습할 시간이야. 장난감은 제자리에 갖다놔야지. 가서 숙제해. 손 씻고 와서 저녁 먹어. 흘리지 말고 먹어야지. 얼른 먹어. 목욕해. 이 닦아. 잠옷 갈아입어. 언니 공부하는데 방해하면 안 돼. 얼른 불 끄고 자렴." 등등.

아이와 나누는 대화 가운데 대부분은 일상생활에 관계된 것들이다. 부모는 자신이 아이에게 계속해서 명령만 하고 있다는 사실을 의식하지 못한다. 이런 상황에서 아이가 부모의 말에 무감각해지는 것은 당연한 일이라 할 수 있다. 대부분의 부모는 아이가 바른 행동을 할 수 있도록 계속해서 가르쳐야 한다고 생각하는데, 그 열의는 하루 24시간이 부족할 정도다.

아이가 부모 말을 듣지 않는 이유

올바른 행동이 무엇인지 가르치고, 잘못된 행동을 바로잡아 주는 것은 자녀 교육에 있어서 필수다. 그런데 대부분의 부모들은 아이를 가르치는 한 가지 방법밖에 알지 못한다. 바로 설교에 의존하는 것이다. 그래서 아이가 해야 할 일을 하나하나 지적한다.

이것은 자신이 어릴 때부터 부모에게 배운 방식이므로 자연스럽고 당연하다고 여긴다. 부모가 아이에게 어떤 말을 쓰고 있는지 의식하지 못한다면 그 부모는 예전에 자신의 부모가 했던 방식을 그대로 되풀이하는 '기계'에 지나지 않는다.

대다수 부모들이 하는 설교는 아이의 의사를 충분하게 반영하지 못하고 있다. 그 결과, 아이가 반항심을 품거나 부모의 말을 무시하는 일들이 생긴다. 부모의 설교는 '힘겨루기'와 '대결'이라는 결과만 남길 뿐이다. 다음의 예를 보자. 다음과 같은 아침 풍경이 펼쳐지는 가정이 많을 것이다.

> **엄마**　형준아, 이리 와. 옷 입고 학교 가야지.
>
> **형준**　(칭얼대며) 엄마가 입혀줘. 응? 입혀줘.
>
> **엄마**　혼자서도 입을 수 있잖아. 엄살 부리지 마.
>
> **형준**　아니야! 난 옷 못 입어.
>
> **엄마**　입을 수 있어. 넌 여덟 살이니까 혼자 입어야 돼.
>
> **형준**　여덟 살 아니야. 난 일곱 살이야.
>
> **엄마**　이런! 현지는 벌써 혼자서 옷을 입던데. 현지는 겨우 여섯 살이잖아. 어서 서두르자. 늦겠다.
>
> **형준**　싫어!
>
> **엄마**　(셔츠를 형준이의 머리 위로 잡아당기면서) 엄마가 정말 너 때문에 힘들어 죽겠다.
>
> **형준**　(눈물을 흘리며) 엄마 나빠. 미워!

이 같은 싸움은 어느 집에서든 일상적으로 벌어진다. 옷 입기뿐만 아니라, 밥 먹거나 숙제하는 문제, 텔레비전 시청 문제, 잠자는 시간 지키기, 스마트폰 사용 시간 등 일상적으로 벌어지는 작은 충돌은 곧잘 큰 싸움으로 번지며, 부모와 아이 어느 누구도 이기지 못하는 상황을 초래한다.

만일 부모가 아이에게 '이겼다'라는 생각이 든다면 그 부모는 진 것이나 다름없다. 부모들이 힘을 쓰고 위협을 가하고 벌을 주어 아이를 순종적으로 만들 때 아이는 무력감에 사로잡힌다. 그리고 무력감에서 벗어나기 위해 자신에게 아직 힘이 있음을 보여주려고 발버둥친다. 또다시 부모에게 도전하는 것이다.

"엄살 부리지 마."라는 말은 아이의 감정을 무시해 버리는 발언이다. 형준이는 그 말에 화가 나서 "아니야! 난 옷 못 입어."라고 부정적인 대꾸를 했다. 이에 엄마가 "혼자 입어야 돼."라고 말하자 형준이는 엄마의 말에 동의하는 대신 자신의 나이를 부정했고, 엄마가 동생과 비교하자 자존심이 상해서 "싫어!"라고 방어적인 자세를 취했다. "정말 너 때문에 힘들어 죽겠다."는 엄마의 말로 싸움이 절정에 이르렀을 때, 형준이는 엄마에게 "엄마 나빠. 미워!"라는 말로 반항심을 드러냈다.

자동적으로 반응하는 대화법을 멈춰라

이제부터는 아이에게 자동적으로 반응하는 대신 새로운 방식으로 대처해 보자. 아이의 행동에 대해서는 엄격하되, 아이의 감정에 대해서는 관대하라는 말이다.

이 책에서는 부모와 아이 사이에 친밀감을 높이고, 아이의 협조를 구하며, 더 나아가, 아이의 자존감을 강화시키는 방법을 알려 줄 것이다.

부모의 욕구와 아이의 욕구는 어긋나기 쉬워서 갈등을 피해 갈 수 없다. 부모가 서두르면 아이는 꾸물거린다. 부모가 잠깐 쉬려는 순간 아이는 이런저런 요구를 해온다. 부모가 전화를 할 때 아이는 옆에서 시끄럽게 떠든다. 부모가 손님맞이 준비로 분주할 때면 아이는 장난감을 가져다 놓고 거실을 어지럽힌다. 이런 일은 어느 가정에서나 흔히 일어난다.

만일 아이와 즐겁게 지내는 시간을 5분 더 늘리고, 아이에게 큰소리치고 잔소리하는 시간을 5분 더 줄인다면, 부모로서 제대로 된 방향으로 나아가고 있는 것이다.

부모가 지금의 상황을 완전히 바꿀 수는 없지만, 새로운 방식으로 대화함으로써 싸움의 빈도를 줄일 수는 있다. 부모가 말하는 방식에 따라서 자녀의 대응 방식도 달라진다는 것은 이미 많은 가정을 통해 증명되었다.

다음은 엄마가 딸에게 자동적인 반응을 하면서 상황이 악화되는 모습을 보여주는 사례다.

은설	내 생일 파티에 주희는 초대하지 않을 거예요.
엄마	그게 무슨 소리니? 주희는 네 친구잖아.
은설	친구 아니에요.
엄마	주희가 네 얘기를 듣는다면 얼마나 섭섭하겠니?
은설	상관없어요. 어쨌든 주희는 초대 안 할 거예요.
엄마	그럼 생일 파티를 하지 말아야겠네.
은설	좋아요. 생일 파티 따위는 필요 없어요.

엄마는 "주희는 네 친구잖아."라는 말로 딸의 감정을 부정해 버렸다. 딸에게 이유를 물어보지도 않고 딸의 말을 무시한 것이다. 또한 "주희가 네 얘기를 듣는다면 얼마나 섭섭하겠니?"라면서 설교까지 했다. 부모의 설교에 대해 대부분의 아이들은 "상관없어요."라고 반응하면서 무시하는 자세를 취한다.

엄마는 아이의 반응에 어떻게 대처해야 할지 몰라 하다가 "그럼 생일 파티를 하지 말아야겠네."라는 말로 아이에게 위협을 가한다. 이때 부모는 함정에 빠지고 만다. 아이가 부모의 위협에 대해 "좋아요, 생일 파티 따위는 필요 없어요."라는 말로 맞불 작전을 펼치기 때문이다.

그러면 부모는 진퇴양난에 빠질 수밖에 없다. 아이를 위협한 대로 생일 파티를 열지 않든지, 자신이 한 말을 취소하고 생일 파티를 열어주든지 결정을 내려야 하는 것이다. 어느 쪽을 선택해도 부모에게는 손해다. 파티를 안 하면 서로 마음을 상하게 되고, 파티를 하면 아이에게 항복하는 셈이 된다.

그럴 때는 부모가 상황을 객관적으로 바라볼 필요가 있다. 그리고 딸에게 다음과 같은 방법으로 대화를 시도해 본다.

> **엄마** 우리 딸이 주희 때문에 속상했나 보구나.
>
> **은설** 네. 주희는 우리 집에 오면 항상 내 인형을 갖고 놀아요.
>
> **엄마** 그래서 속이 많이 상했구나.
>
> **은설** 네. 내 인형을 함부로 갖고 노는 게 정말 싫어요.
>
> **엄마** 그렇다면 생일 파티를 하면서 그 문제를 해결할 수 있는 좋은 방법이 없을까?
>
> **은설** 음…… 인형을 내 방에 갖다놓고 파티는 거실에서만 하는 거예요. 주희가 내 인형을 갖고 놀 수 없게요. 그럼 주희도 파티에 초대할 수 있어요.
>
> **엄마** 어머, 그거 정말 멋진 생각이구나!

대화가 너무 근사하지 않은가? 은설 엄마의 대화 방식에 대해 살펴보자.

"우리 딸이 주희 때문에 속상했나 보구나."라는 말로 엄마는 딸의 감정을 존중하고 있음을 보여주었다. 그와 동시에 딸의 감정을 상하게 한 것이 무엇인지 알 수 있는 기회를 얻게 되었다. 또한 "그래서 속이 많이 상했구나."라고 공감을 표시하여 엄마가 진심으로 이해하고 있다는 생각을 심어주었다.

엄마는 딸의 감정을 인정해 주어서 문제 해결에 도움이 되는 정보를 알아냈다. 그리고 "그 문제를 해결할 수 있는 좋은 방법이 없을까?"라고 물음으로써 딸에게 스스로 문제를 해결할 수 있는 기회를 주었다.

만일 딸이 해결 방법을 찾아내지 못했다면 엄마가 해결 방법을 두세 가지 제시한 다음, 그중 한 가지를 선택하도록 하면 된다. 문제를 해결할 수 있는 기회를 가진 아이는 자신에 대한 인식과 믿음이 강해지는 효과가 있다.

대다수 부모들이 하는 말은 대동소이하고 상식적인 데다 일상적으로 되풀이되어 온 것들이라서, 부모가 입을 열기도 전에 아이는 이미 무슨 말을 하려는지 알아챈다.

따라서 부모는 말을 하기 전에 생각할 시간을 충분히 가질 필요가 있다. 지금 하려는 말이 아이에게 반발을 사게 될지 아니면 아이의 협조를 구하게 될지, 아이에게 엄격한 제한을 가하려고 하는

데 그럴 만한 가치가 있는지, 만일 조카나 아이 친구였다면 어떻
게 말할 것인지 등을 자신에게 질문함으로써 아이와 건설적인 대
화를 주고받을 수 있다.

가장 중요한 것은
아이의 마음을 이해해 주는 것

만일 부모에게 아이의 행동들 중 싫은 항목을 적으라고 한다면 어마어마하게 많을 것이다. 멍하니 있는 것, 칭얼대는 것, 셔츠를 바지 밖으로 내놓고 다니는 것, 식사할 때마다 식탁 다리를 발로 걷어차는 것, 말대답하는 것, 입 아프게 잔소리를 해야만 씻는 것, 할 일이 있는데도 꾸물대는 것, 먹는 것 갖고 장난하는 것, 형제끼리 다투는 것, 일할 때 계속해서 방해하는 것, 불러도 대답 안 하는 것 등……. 이것 말고도 엄청 많다.

이처럼 부모와 갈등을 일으킬 수 있는 아이의 행동을 목록으로 만들면 아이를 훈육할 때 도움이 된다. 목록을 검토함으로써 아이의 행동에 대해 통찰력을 가질 수 있고, 사소한 문제에는 신경을 덜 쓰게 될뿐더러, 중요한 문제가 생겼을 때는 그것을 해결하는 데 시간과 노력을 집중할 수 있다.

목록 작성을 통해 어떤 부모는 아이에게 간섭하려는 욕심을 자제할 수 있었고, 또 어떤 부모는 '이건 눈감아줘도 될까? 이 문제는 싸울 만한 가치가 있을까? 아이가 속옷 바람으로 못 자게끔 단속해야 할 정도로 잠옷을 입는 게 중요한가?'를 자신에게 물을 수 있었다.

아이가 하루 중 해야 할 일을 적는 것도 좋은 방법이다. 일단 목록을 만든 다음 차근차근 검토하면서 중요하지 않은 항목을 빼면 된다. 목록을 적은 다음에는 순위를 정하면서 중요한 것을 선택할 수도 있다.

거두절미하고 일단 아이의 마음을 이해하라

부모가 융통성을 발휘한다면 아이와 일상에서 생기는 사소한 충돌을 막거나 줄일 수 있다. 예를 들어보자. 일곱 살 선영이와 다섯 살 진영이가 식탁에서 자리 하나를 두고 다투는 상황이라면 엄마는 어떻게 해야 할까?

> **선영** 엄마, 진영이가 내 자리에 앉았어요.

진영   난 여기 앉고 싶어. 여기가 좋아.

선영   거긴 내 자리야. 넌 여기 앉으면 안 돼.

진영   아냐. 난 여기에 앉을 거야.

선영   엄마! 진영이 좀 봐요. 내 자리에 앉아 있다고요. 자기 자리 놔두고…… 이건 불공평해요. 저기는 내 자리라고요!

이런 종류의 싸움은 형제자매가 있는 집에서는 흔히 일어나는 일이다. 선영이의 집에서는 이런 싸움이 벌어질 때마다 엄마가 진영이를 의자에서 끌어내 다른 자리에 앉혔다. 그러면 진영이는 발버둥치며 울어댔고, 이후에도 이런 싸움은 되풀이되었다.

같은 싸움이 반복된다면 기존의 대화 방식을 버리고 다른 방식으로 대화를 이끌어가야 한다. 다음처럼 말이다.

엄마   (진영이에게) 진영이는 그 의자에 앉는 걸 좋아하는구나.

진영   네.

엄마   언니도 그 자리에 앉는 걸 좋아하는데 어쩌지?

진영   음…… 나를 맞은편 의자에 앉게 해주면 이 자리를 언니한 테 양보할 수 있어요.

(맞은편은 식탁이 벽에 닿아 있는 쪽이다.)

엄마　그렇다면 좋아! 우리 식탁 위치를 옮기자.

엄마는 식탁을 벽에서 떼어내고 그 자리에 의자를 놓았다. 진영이가 기대하지 못했던 일을 한 것이다. "진영이는 그 의자에 앉는 걸 좋아하는구나."라는 간단한 말로 엄마는 어린 딸의 감정을 이해하고 있다는 사실을 말해 준 덕분에 지루하게 이어질 수도 있는 싸움이 끝났다.

엄마는 타협가! 아이와 타협할 방법을 찾는다

오후 5시경에 지치고 배가 고픈 아이들이 집으로 돌아왔다. 그 시간 엄마는 청구서를 정리하는 중이었다. 아이들은 이런저런 요구를 하면서 엄마의 집중을 방해했다.

준우　엄마, 블루마블 어디에 있어요?

> **엄마** 몰라. 알아서 찾아보렴.
>
> **준우** 엄마가 좀 찾아줘요.
>
> **엄마** 엄마 지금 청구서 정리하고 있는 거 안 보이니? 방해하지 말고 직접 찾아봐. 자꾸 방해하면 엄마가 할 일을 끝낼 수가 없잖니.
>
> **준우** 엄마, 저녁은 언제 줄 거예요? 배고파요.
>
> **엄마** 네가 귀찮게 굴지 않아야 엄마가 일을 빨리 끝내고 밥을 차리지.

사실 청구서 정리는 언제든지 할 수 있는 일이다. 아이들이 다 자고 난 다음에 한다면 아무런 방해를 받지 않고 일을 빨리 끝낼 수도 있다.

아이들이 엄마의 도움을 필요로 하는 상황이라면 급한 일이 아닐 경우에는 뒤로 미루는 것이 바람직하다. 그래야 엄마는 일을 편안하게 끝낼 수 있고, 아이들은 또 아이들대로 원하는 것이 충족되므로 엄마와 아이 사이에 충돌이 일어나지 않는다.

싸울 만한 가치가 없다고 판단된다면 부모는 융통성을 발휘해야 한다. 간혹 융통성을 발휘할 수 없는 경우도 있는데 그럴 때는 어떤 방식으로 말해야 하는지 살펴보자. 부모의 권위를 지키면서 아이와의 싸움을 피하는 방법은 다음과 같다.

> **재석** 엄마, 계란 프라이 먹고 싶어요.
>
> **엄마** 그래.
>
> (재석 엄마가 계란 프라이를 만들어서 내놓았다.)
>
> **재석** 엄마, 내가 원한 건 이런 프라이가 아니라고요. 안 먹을래요.
>
> **엄마** 그래? 엄마는 이렇게 해달라는 줄 알았지.
>
> **재석** 아니에요. 노른자를 터뜨리지 말고 해주세요.
>
> **엄마** 어쩌지. 엄마는 아침에 요리를 두 번씩 하지 않는데. 이건 네가 좋다면 먹어도 좋아.
>
> **재석** (놀라며) 음…… 그냥 먹을게요.

아이에게 제한을 가하면 대부분 반발할 것이다. 하지만 재석이 엄마는 아이의 요구를 들어주지 않으면서도 반발을 피해 갈 수 있었다. 만일 엄마가 "어서 먹어. 네가 해달라고 한 거잖아."라고 명령하듯이 말했다면 아이는 짜증을 내거나 떼를 썼을 것이다.

재석이가 "내가 원한 건 이런 프라이가 아니라고요."라고 했을 때 엄마는 그 말을 부정하는 대신 "엄마는 이렇게 해달라는 줄 알

앉지."라고 대답했다. 이런 식의 대답은 "네가 이렇게 해달라고 했잖아."와 같은 말처럼 아이를 공격하지 않는다.

엄마가 "네가……"로 대답했다면 재석이는 방어적인 태도를 취했을 것이고, 감정적인 말들을 주고받는 싸움이 계속되었을 것이다.

재석이가 "아니에요. 노른자를 터뜨리지 말고 해주세요."라고 했을 때, 엄마는 단호하게 "엄마는 아침에 요리를 두 번씩 하지 않는데."라고 제한을 가했다. 그러면서도 아이에게 선택의 여지를 주었다. 반항하도록 부추기는 명령조의 말보다는 "이건 네가 좋다면 먹어도 좋아."라는 말로 차선책을 택할 수 있게 한 것이다.

재석이는 엄마로부터 자신이 원하는 것을 얻을 수 없다는 사실을 깨닫고 계란 프라이를 먹기 시작했다. 재석이 엄마는 아이와 힘겨루기를 하지 않고도 평화로운 관계를 유지할 수 있었다.

아이의 반항심을 부추기는 말!
'너', '왜', '만일'

설교나 위협보다 더 큰 효과를 발휘하는 것은 아이에게 행동에 대한 결과를 직접 경험하게 하는 것이다.

만일 아이가 지저분한 옷을 빨래 바구니에 넣는 걸 잊어버렸다면 다음에 그 옷을 입고 나가려고 할 때 곤란을 겪을 것이다.

만일 식사 시간에 불렀는데 아이가 금방 오지 않는다면 밥과 국은 이미 식어 있을 것이다.

만일 아이가 재킷의 단추를 채우지 않고 장갑도 끼지 않은 채 찬바람 부는 거리로 나갔다면 엄마의 잔소리보다 더 집요하게 따라붙는 추위 때문에 단추도 채우고 장갑도 끼고 다녀야 한다는 사실을 배우게 될 것이다.

만일 아이가 해야 할 공부를 하지 않는다면 다음 날 문제 풀이 시간에 선생님이 지목했을 때 문제를 풀지 못해서 창피를 당할 것이다.

이와 같은 경우에 부모가 미리부터 잔소리를 하지 않는다면 아이와 말다툼하느라 힘을 빼지 않아도 될뿐더러, 아이는 행동의 결과로 인해 따끔한 교훈을 얻게 된다.

'한마디 규칙', 아이가 부모의 말에 귀 기울이게 만드는 방법

"어떻게 해야 아이가 부모의 말에 귀를 기울일까요?"

이것은 모든 부모들이 궁금해하는 것이다.

답은 간단하다. 말을 적게 하면 된다. 아이들은 부모의 끝없는 잔소리에 익숙해져서 대체로 부모의 말에 무감각한 상태라고 보면 된다. 아이들의 말을 들어보자.

"난 엄마가 다음 말을 시작할 때면 이미 처음에 한 말을 잊어버려요."

"난 간단한 질문을 했는데 엄마는 항상 길게 대답을 하죠."

만일 아이에게 긴 잔소리 대신 짧게 한마디씩 하고 말을 멈춘다면 아이는 협조적인 태도를 보일 것이다. 그러면 아이와 싸우느라 힘을 빼지 않아도 된다.

'한마디 규칙'만 유념한다면 간단하게 말하는 습관을 기를 수 있다. 예를 들어 재준이가 레고를 만드느라 거실을 온통 난장판으로 만들고 나서 치우지도 않고 텔레비전을 보고 있다고 해보자. 이 모습을 본 엄마가 자동적인 반응을 보였다면 다음처럼 말할 것이다.

"엄마가 몇 번이나 말했니? 레고를 갖고 논 다음에는 제자리에 갖다 두라고 하지 않았어? 너 때문에 거실이 엉망이 됐잖아. 넌 엄마가 하루 종일 집안 청소나 하고 있으면 좋겠니? 왜 그렇게 네 멋대로야? 응?"

엄마가 입 아프게 말하고 있지만, 정작 재준이는 첫 번째 말밖에는 신경쓰지 않을 것이다.

엄마는 재준이를 화나게 하는 말들을 쓰지 않고서도 간단하고 효과적으로 자신의 의사를 전달할 수 있다. 단지 한마디만 하면 되는 것이다. "레고!"라고 말이다.

양치질하는 문제도 아이에게 "너 또 이 닦는 걸 잊었구나. 넌 애가 왜 그렇게 잘 잊어먹는 거니? 네 이는 틀림없이 온통 벌레가 먹어서 썩어버릴 거야. 네 형을 보렴, 언제 한번이라도 이 닦는 걸 잊은 적이 있나."라고 잔소리하기보다는 간단하게 "이!"라고 말할 수 있다.

한마디는 좀 더 강한 어조로 되풀이해서 말할 필요도 있다. 하지만 그럴 경우에도 비난의 뜻을 담고 있으면 곤란하

다. 간단한 사실 전달과 상기만으로 충분하다. 한마디 규칙
은 아이를 비난하는 대신 상황을 전달하는 효과적인 대화법
이다. 회피와 방어, 비난과 달리, 상황 전달은 아이에게 반항
심을 심어주지 않는다.

부모가 명령하면 아이는 그 반대로 하고 싶어진다. 따라서 아이에게 긍정적인 반응을 이끌어내려면 간결하게 사실만 전달하면 된다.

부모는 아이에게 열등감을 주지 않으면서 생활 속에서 꼭 필요한 일들을 배울 수 있게 이끌어야 한다. 그러기 위해서는 기대하고 있는 내용을 짧게 말하고 자리를 피해 주면 된다.

부모가 마치 훈육관처럼 앞에 버티고 서서 지시에 따르는지 따

간결하게 사실 전달하기	비난조로 장황하게 잔소리하기
책 반납일이 5일 지났구나.	오늘 학교 끝나면 바로 도서관으로 가서 책 반납해. 반납일이 5일이나 지났는데 그걸 여태 몰랐니?
10분 있으면 학원 버스가 도착할 거다.	어서 옷 입어. 교재는 다 챙겼니? 왜 이렇게 꾸물거리니?
옷은 걸어두는 거야.	옷을 왜 바닥에 던져놓니? 당장 못 집어? 얘가 왜 그렇게 칠칠치 못한 거니? 넌 옷걸이가 뭔지도 몰라?
새장은 깨끗이 청소해 줘야 해.	한 번도 네 스스로 새장 청소하는 걸 못 봤다. 시키지 않아도 알아서 좀 할 수 없니?
경수랑 재미있게 놀았지? 자, 이제 집에 가야 할 시간이야.	이제 그만 놀고 현관으로 나와. 안 그러면 경수네 집에 다시는 못 오게 할 거야.
할머니께는 존댓말을 써야 해.	너 왜 이렇게 버릇이 없니? 할머니께 건방지게 말하면 혼난다고 했어, 안 했어?

르지 않는지 지켜볼 경우 아이는 자존감이 낮아진다. 만일 아이가 식탁에 우유를 엎질렀다면 이렇게 하면 된다.

"여기 행주 있다. 가져다가 닦으렴."

그러고 나서 아이의 자존감에 상처가 나지 않게 잠깐 자리를 피해 주면 된다.

'너', '왜', '만일' 이 세 마디만 줄여도 아이와의 관계가 좋아진다

엄마 너 어서 이리 와! 얘, 나예야! 얼른 이리 오지 못해? (나예가 다가온다.) 넌 어째 갈수록 방을 지저분하게 쓰는 거니? 사람 사는 곳이 아니라 꼭 돼지우리 같다. 옷 좀 봐라. 왜 있는 대로 바닥에 늘어놓은 거니? 옷은 제발 옷걸이에 좀 걸으렴. 만일 앞으로도 계속 이렇게 어질러 놓으면 절대 옷 같은 거 안 사줄 거야. 왜 깨끗하게 정돈을 못할까? 너 때문에 엄마가 정말 미치겠다.

나예 엄만 왜 나만 야단치는 거예요. 힘찬이 방도 지저분하단 말예요. 그리고 엄마도 사실 집을 깨끗하게 하고 사는 건 아니잖아요.

'너', '왜', '만일'과 같은 말로 이야기를 시작하면 아이는 도전적으로 대응하고, 결국 싸움으로 이어진다. 나예는 어질러져 있는 방을 청소하겠다고 말하는 대신 엄마에게 대들었다. 그리고 자신에게 향해 있는 엄마의 비난을 동생한테 돌리려고 했을뿐더러 급기야는 "엄마도 사실 집을 깨끗하게 하고 사는 건 아니잖아요."라는 말로 역공을 퍼부었다.

나예 엄마는 "넌 어째 갈수록 방을 지저분하게 쓰는 거니?"라고 말하며 비난의 포문을 열었다. '너'로 시작하는 말은 적대적인 반응을 불러일으키기 쉬우며, 문제가 된 행위보다 그 행위를 한 사람을 공격하게 된다. 이를테면 '넌 어째', '넌 항상', '넌 그냥'이라는 말로 시작할 때면 아이는 이미 부모를 공격할 태세를 갖춘다.

'왜' 역시 비난을 이끌어내기 쉬운 단어다. "왜 있는 대로 바닥에 늘어놓은 거니?", "왜 깨끗하게 정돈을 못할까?"와 같은 발언은 방어적이고 반항적인 반응을 불러일으킨다. 왜냐하면 이런 성격의 말들은 나예가 옷을 한 번도 옷걸이에 건 적이 없고, 방을 치워본 적이 없는 것처럼 느끼게 만들기 때문이다. 다시 말해 나예의 지난 시간들이 통째로 비난의 대상이 되어버린다.

또한 '만일'로 시작하는 말 뒤에는 주로 위협적인 내용이 나온다. "만일 앞으로도 계속 이렇게 어질러 놓으면 절대 옷 같은 거 안 사줄 거야."와 같은 식이 되는 것이다.

나예 엄마는 진심으로 딸의 옷을 사주지 않겠다고 말한 것이 아니다. 나예 역시 엄마의 말이 으름장에 지나지 않는다는 것을 알고 있다. 협박은 강한 사람이 자신보다 약한 사람에게 위협을 가하는 방법이다. 이런 경우 약자는 협박을 자신에 대한 도전으로 받아들이고 적대적이고 반항적인 자세를 취하게 된다.

방을 어지르는 나예의 습관을 바로잡기 위해서는 '너', '왜', '만일' 등으로 시작하는 말을 하는 대신, 간단하게 정돈 방법을 알려 주는 것으로 끝내야 한다. 다시 말해 "나예야, 옷은 옷걸이에 걸어 둬야 해. 이렇게 바닥에 쌓아두면 옷들이 구겨져서 다림질을 새로 해야 한단다."라고만 말해 주면 된다.

부정적인 말들을 대체할 수 있는 것들이 있다. '만일'은 '~하고 나서'로 대체할 수 있는데, 이 말은 아이들이 하기 싫어하는 일을 시킬 때, 위협하거나 강요하지 않고 동기를 부여할 때 사용한다. "만일 앞으로도 계속 이렇게 어질러 놓으면 절대 옷 같은 거 안 사 줄 거야."라는 말 대신 "이 방의 옷을 정리하고 나서 엄마랑 문구점에 가자."라고 말하는 것이다. 아이 입장에서는 옷을 빨리 정리하고 문구점에 가야겠다는 의욕이 생길 수 있다.

이와 비슷한 효과를 발휘하는 말로는 '~했을 때'가 있다. 즉 "숙제를 끝마쳤을 때 텔레비전을 봐도 좋아."라고 말하는 것이다.

'~하고 나서' 또는 '~했을 때'와 같은 표현을 쓰면 아이를 압박하고 행동을 강요하는 상황을 만들기보다는 아이와 파트너십을 조성할 수 있으며 싸움을 방지하는 효과도 있다.

언뜻 생각하기에는 '~하고 나서'라는 표현이 '만일'과 크게 다르지 않은 것 같지만, 그 효과는 아주 놀라울 정도다. 실제로 이 표현을 써본 부모들의 경험담에 따르면 '~하고 나서'라는 말이 어조 자체를 변화시킬 뿐만 아니라 '만일'이라는 말보다 화도 훨씬 덜 나게 해준다고 한다.

아이에게 선택권을 주면
가정에 평화가 찾아온다

입는 것, 먹는 것, 공부하는 것과 관련해 아이에게 선택권을 주면 의사를 결정하고 문제를 해결하는 일에서 아이는 자신이 잘할 수 있다는 느낌을 받는다. 아이에게 선택권을 주는 것은 일상에서 벌어지는 싸움을 줄이는 효과가 있다. 명령하고 설교하고 압박하는 대신 "너 목욕해야 하잖아. 밥 먹고 할래, 아니면 밥 먹기 전에 할래?", "엄마가 네 도움이 필요한데, 식탁 좀 치워주겠니? 아니면 그릇을 좀 정리해 주든가."라고 말해 보자.

이런 말을 할 때는 아이에게 강요받거나 지배당한다는 느낌을 주지 않도록 해야 한다. 또한 선택을 가장하여 압박을 가하는 일도 없어야 한다. 부모가 원하는 일을 하든 벌을 받든 둘 중 하나를 고르라고 한다면, 이는 진정한 의미의 선택이라고 할 수 없다.

예를 들어 "지금 당장 동생이랑 공놀이를 같이 하든지, 아니면 내일 가족 모두 놀이공원에 갈 때 혼자 집에 남아 있든지 선택하렴."이라고 한다면 아이에게 선택권이 있다고 말할 수 있을까?

선택권, 아이의 자존감을 키울 수 있는 기회

아이에게 선택의 기회를 주는 것은 문제가 악화되는 상황을 예방해 줄 뿐만 아니라, 아이가 의사를 결정하는 과정에서 능력과 자존감을 키울 수도 있다.

동현이 아빠는 식탁이나 책꽂이 등을 직접 만든다. 집안에 작업실을 따로 마련할 정도로 가구 만드는 것을 좋아하는데, 열두 살인 동현이가 작업실에서 함부로 공구를 가지고 노는 것 때문에 기분이 언짢을 때가 많다.

> **아빠** 동현아, 송곳을 공구상자 안에 넣어줄래? 안 그러면 다음에 송곳을 사용할 일이 있을 때 난처해진단다.
>
> **동현** 아빠, 난 하인이 아니라고요! 송곳은 아빠도 사용했잖아요.
>
> **아빠** 그 문제는 그리 중요하지 않단다. 우린 지금 함께 일하고 있잖니? 송곳 넣는 것 말고 다른 일을 하고 싶다면 해도 좋아.

아빠는 "아빠, 난 하인이 아니라고요!"라는 아들의 항변에 아랑
곳하지 않고 부자 사이의 문제를 지혜롭게 해결했다. 동현이 아빠
는 아들에게 작업장의 규칙을 반복해서 알려주었다. 그리고 동현
이가 선택할 수 있도록 조건을 만들고 기다려 주었다. 아이를 기
르는 부모라면 누구나 잘 알고 있는 것처럼, 화가 날 때 참고 기다
리면서 아이에게 선택의 기회를 준다는 건 정말 힘든 일이다.

아이의 불평을 잠재우고 평화로운 식사 시간을 만드는 방법

아이에게 선택의 기회를 줌으로써 일상에서 일어나는 싸움을
줄일 수 있음을 가장 쉽게 확인할 수 있는 장소가 식탁이다. 대다
수의 부모들은 아이의 개인적인 기호나 배고픈 정도는 고려하지

않는데, 이러한 태도는 부모와 아이 사이에 하지 않아도 될 싸움을 불러들인다.

　다음에 소개하는 대화는 오랫동안 아이들의 끊임없는 불평에 시달려 온 엄마의 고충과 변화를 담고 있다. 우선 아이들의 불평을 들어보자.

> **준서**　엄마가 만들어준 음식은 하나도 맛이 없어요.
>
> **연서**　우리가 당근 싫어하는 거 엄마도 알잖아요.
>
> **민서**　왜 맛없는 콩을 먹으라고 하는데요?

　계속되는 아이들의 불평에 지친 엄마는 식사하는 방식을 바꾸기로 결심했다. 아이들 식판에 모든 음식을 하나하나 나눠주는 대신 빈 그릇을 주고 알아서 골라 먹도록 한 것이다.

> **엄마**　자, 이제부터는 너희가 먹고 싶은 만큼 음식을 가져다 먹으렴. 먹고 싶지 않은 것은 가져가지 않아도 좋아.

갑작스러운 변화가 믿기지 않은지 아이들은 엄마의 눈치를 살폈다. 연서는 싫어하는 당근을 먹지 않았다. 민서는 완두콩 한 알을 접시에 담고서 엄마의 반응을 지켜보았다. 엄마가 아무 말도 하지 않자 아이들은 배가 안 고프다면서 식사 시간을 건너뛰기도 했다.

처음 일주일 동안은 아이들한테서 균형 잡힌 영양 식단을 찾아볼 수 없었다. 하지만 식사 시간은 활기찼고 싸우는 일도 크게 줄어들었다. 그리고 얼마 지나지 않아 차려놓은 모든 음식을 가리지 않고 골고루 먹게 되었다. 이처럼 모험의 결과가 성공적이었다 해도, 이런 방식에 모든 부모들이 찬성하는 것은 아닐 것이다. 그렇지만 음식을 아이 스스로 선택하게 함으로써 불필요한 싸움이 줄어들었다는 사실만큼은 분명하다.

"계란을 삶아서 줄까, 아니면 프라이해 줄까?", "빵에 잼을 발라 줄까, 아니면 땅콩버터를 발라 먹을래?" 등 아이가 선택하게끔 하는 질문은 일상적인 싸움이 줄어드는 효과뿐만 아니라, 아이의 기호나 판단, 개성을 부모가 소중이 여긴다는 메시지도 심어줄 수 있다.

윤지 엄마는 음식 때문에 불만이 많은 아홉 살 딸에게 식단표를 만들어보라고 제안했다. 윤지는 방으로 들어가더니 한 시간이 지나서야 밖으로 나왔다. 윤지가 만든 식단표는 다음과 같다.

요일 시간	월	화	수	목	금	토	일
아침	시리얼	밥	빵	우유	밥	밥	밥
점심	급식	급식	급식	급식	급식	아이스 크림	김밥
저녁	빵	칼국수	밥	주스	밥	치킨	우동

엄마는 딸이 작성한 식단표를 보면서 윤지와 이야기를 나누었다. 아이가 좋아하는 음식은 최대한 반영해 주었지만, 목요일에는 아침에 우유, 저녁에는 주스이므로 저녁 식단은 좀 더 든든한 생선구이를 주 메뉴로 하는 밥상으로 정했고, 토요일 점심은 아이스크림 대신 아이가 좋아하는 스파게티를 해주기로 했다. 윤지는 엄마로부터 인정을 받았다는 생각에 으쓱해졌을 뿐만 아니라 식사 때마다 불평하지 않고 잘 먹었다.

아이는 문제 해결의
방법을 알고 있다

아이와 싸움을 피하고 싶다면 아이에게 의견을 물으면 된다. 이처럼 문제 해결의 기회를 준다는 것은 여러 가지 이점이 있다. 자신감을 심어줄 수 있고, 부모가 해결책을 제시했을 때보다 훨씬 적극적이고 능동적인 모습을 기대할 수도 있다.

엄마 정민아, 엄마 나가야 할 시간이야. 30분 전부터 잠잘 준비
를 하라고 했는데 넌 왜 놀고만 있는 거니?

정민 지금 몇 시인데요?

엄마 8시가 다 됐어. 강의는 8시에 시작이고.

정민 8시면 지금이잖아! 서둘러요, 엄마! 나 혼자서도 잘할 수 있
으니까 내 걱정은 안 해도 돼요.

정민이는 하고 있던 놀이를 멈추고 잠옷을 입기 시작했다. 그리고 엄마는 안심하고 집을 나설 수 있었다.

다음은 방에 옷을 아무렇게나 늘어놓은 아들과 엄마가 나누는 대화 내용이다.

> **엄마** 방에 옷들이 널브러져 있어서 보기에 좋지 않구나. 이걸 너 보고 치우라고 할 때마다 너와 싸우게 되어 엄마 마음이 안 좋단다. 이 문제를 어떻게 해결하면 좋을까? 이 문제를 해결할 방법을 알고 있니?
>
> **아들** 방법이요? 음…… 빨래 바구니를 내 방에 가져다 놓으면 어떨까요?
>
> **엄마** 오, 그거 좋은 방법이구나! 당장 바구니를 네 방으로 옮겨놔야겠다.

빨래 바구니를 아들의 방에 옮겨놓은 뒤에도 방이 몰라볼 정도로 깨끗해진 것은 아니었다. 그래도 널브러진 옷가지의 절반 정도는 빨래 바구니에 담겨 있는 걸 보자 엄마는 그나마 다행이라고 생각했다.

구체적인 질문으로 해결의 실마리를 찾을 수 있다

여덟 살 민규는 매일 밤 혼자 자는 게 어둡고 무섭다며 불평했다. 민규 엄마는 아들을 차근차근 설득해 봤지만, 소용이 없었다. 그래서 아들에게 의견을 물었다.

> **민규** 방이 너무 어두워요.
>
> **엄마** 방에 전등이 켜져 있잖아.
>
> **민규** 그래도 무서워서 잠을 못 자겠어요.
>
> **엄마** 그럼 어떻게 하면 우리 아들이 잠을 잘 수 있을까?
>
> **민규** 안방에 있는 큰 스탠드 같은 걸 하나 사주세요.
>
> **엄마** 그거 아주 좋은 생각이구나.

엄마는 그날 밤 스탠드를 아들에게 주었다. 그리고 다음 날 아들에게 새 스탠드를 사주었다.

아이의 제안에 따라 해결하는 방식은 모든 문제에 대해 일률적으로 적용하기는 힘들고, 문제가 그다지 심각하지 않을 때 효과적이다.

반복적으로 싸움이 일어나면
미리 해결책을 마련해 둔다

세 아이의 아빠가 매번 자동차로 가족 여행을 떠날 때마다 자리 문제로 싸움이 끊이지 않자 아이들에게 해결 방법을 물었다.

아빠　오늘은 너희들이랑 우리 가족 여행과 관련해 같이 고민 좀 해보려고 한다. 누가 앞자리에 앉느냐 하는 문제로 늘 다투게 되는데, 이 문제를 어떻게 해결하면 좋을까?

영준　내가 앞자리에 앉으면 돼요. 나이가 제일 많으니까요!

영지　오빠만 앞에 앉는다는 건 너무 불공평해요.

현지　맞아요. 우린 교대로 앞자리에 앉아야 한다고요.

영준　그럼 좋아! 교대로 앉기로 해. 그렇지만 누가 언제 앞자리에 앉았는지 어떻게 다 기억하지?

현지　차에 탈 때마다 어디에 누가 앉았는지 기록해 두는 거야.

영지　그거 좋은 생각이다! 우리 차 안에다 노트를 보관해 두자.

영준　좋아, 그렇게 하자고. 하지만 오늘은 내가 앞자리에 앉을 거야. 내가 제일 나이가 많으니까.

아빠　너희들 생각은 어때? 모두 찬성하니?

아이들은 모두 찬성했고, 아빠는 아이들이 정한 규칙을 다시 한 번 말해 주면서 모두에게 상기시켰다. 이렇게 만들어진 규칙은 몇 주 동안은 효력을 발휘했다. 하지만 어떤 규칙도 영원히 효력을 발휘할 수는 없다. 그럴 때는 그 상황에 맞게 새로운 규칙을 또 함께 만들면 된다.

어떤 가족은 식구들의 의견을 수렴하기 위해 제안 상자나 불평 상자를 만들고, 가족회의를 통해 문제를 해결하기도 한다. 화장실을 깨끗하게 쓰기 위한 방법을 아이들과 논의한 어떤 가족의 경우, 화장실 문 앞에 다음과 같은 글을 붙여두었다.

"우리는 화장실을 쓰는 다른 사람에게 쾌적함과 기쁨을 주고 싶어요.
당신도 그렇게 해주세요."

텔레비전 시청 문제로 다툼이 있었던 한 가족은 평일에 텔레비전 시청 시간을 한 시간 줄이기로 결정했다. 아이들은 결정 사항을 글로 써서 텔레비전 옆에 붙여놓았다.

"이제부터 평일에는 텔레비전 시청을 한 시간 줄입니다."

화내지 않고 기분 좋게
아이를 설득하는 방법

아이와의 싸움을 방지할 수 있는 방법은 더 있다. 첫 번째는 위기가 들이닥치기 전에 미리 알려주는 것이다. 두 번째는 약간의 환상적인 기술을 활용하는 방법이다. 또한 유머로 분위기를 바꾸는 방법도 있다.

앞으로 생길 수 있는 일에 관한 정보를 알려주거나 경고를 하면 불필요한 문제가 생기지 않는다. 다음은 할머니 댁에 방문하려는 엄마와 딸 소연이의 대화 내용이다.

> **엄마** 이번에 할머니가 보청기를 하셨어. 사람들 하는 말이 잘 안 들리셨거든. 귀에 보청기를 꽂은 게 보일 텐데, 할머니 기분이 안 상하게 하려면 어떻게 하는 게 좋을까?

엄마는 소연이가 할머니의 기분을 상하게 할지도 모르는 상황을 예상해서 미리 중요한 정보를 딸에게 알려주었다. 그리고 소연이에게 성숙한 어른처럼 행동할 수 있는 기회와 느낌을 가질 수 있게 해주었다.

곤란해질 수 있는 상황에 대한 정보를 알려주는 것은 아이들을 편안하게 해줄뿐더러, 사건의 현장에서 아이의 행동을 긴급하게 막으려는 부모의 수고를 덜어준다.

만일 아이가 궁금해하거나 겁을 낼 만한 상황, 이를테면 이사를 가거나 병원에 가야만 할 상황일 경우 부모가 아이에게 미리 정보를 준다면 아이는 상황을 좀 더 잘 받아들일 수 있게 된다. 다음은 송이 엄마가 이와 같은 방식으로 문제를 해결하는 예를 보여준다.

엄마 어쩌지? 안 좋은 소식을 전해야 하는데. 주사 맞으러 병원에 가야 해.

송이 싫어요. 안 갈 거예요.

> **엄마** 물론 주사 맞는 게 싫겠지. 하지만 가야 해. 그래야 병에 걸리지 않거든.
>
> **송이** 주사 맞으면 아프겠죠?
>
> **엄마** 아마 아플 거야. 하지만 아픈 건 잠깐이야. 약속할게.

송이는 병원에 대한 기억이 무섭고 좋지 않은데도 불구하고, 엄마가 병원에 가서 주사를 맞아야 한다는 사실을 미리 알려주고 마음의 준비를 시켜준 덕분에 덤덤하게 자신의 상황을 받아들일 수 있었다.

대부분의 부모들은 아이가 부모의 말을 잘 듣기를 바라지만, 이는 쉽지 않은 일이다. 뜻대로 될 것 같다가도 한순간에 제멋대로 하는 게 아이들이다. 따라서 때로는 강제로 아이들을 잡아끌거나 야단쳐서 병원으로 데려가야 할지도 모른다. 만일 이런 방법들이 싫다면 선택은 한 가지뿐이다. 아이들의 공포에 공감함으로써 자연스럽게 협조를 구하는 것이다.

처음으로 집을 떠나 캠프에서 잠을 자야 하거나, 친구 집에 놀러갈 때 일어날 수 있는 문제들을 미리 말해 주면 아이는 예방주사를 맞는 것과 같은 효과를 본다.

아이에게는 마음의 준비를 할 시간이 필요하다

아이에게 경고를 하고 타이머를 사용함으로써 싸움을 피하는 부모들도 있다. 다음과 같은 경우다.

> **엄마** 자, 이제 그만 놀고 방을 정리해야지.
>
> **소희** 안 돼요. 조금만 더 놀래요.
>
> **엄마** 그럼 타이머를 20분에 맞춰놓을게. 타이머가 울리면 그만 놀고 방을 정리하렴. 알았지?

시간은 부모와 아이 사이에서 싸움을 일으키는 원인 중 하나다. 아이에게 시간은 매우 추상적인데, 부모가 그런 사실을 간과함으로써 다툼이 생긴다.

예를 들어 소희 엄마가 소희에게 10분밖에 시간이 남지 않았다고 재촉한다고 해보자. 이때 소희는 "엄마, 10분이면 시간이 얼마나 되는 거죠? 긴 건지 짧은 건지 잘 모르겠어요."라고 말할 수 있다. 이럴 때는 시각적으로 시간의 개념을 알려주는 타이머나 디지

털시계, 모래시계 등을 이용해 볼 수 있다.

상상력, 재미있고 부드럽게 아이를 설득하는 방법

아이와 싸움을 피할 수 있는 또 다른 방법으로 상상력 활용하기
가 있다. 민기와 아빠가 영화를 보고 나서 밖으로 나왔다.

> **민기** 아빠, 우리 택시 타요. 버스는 붐벼서 싫어요.
>
> **아빠** (돈을 낭비하면 안 된다고 충고하고 싶은 것을 간신히 참고 상상력
> 을 발휘해서 말한다.) 음…… 아빠가 한 달에 천만 원을 번다
> 면 당장이라도 택시를 탈 텐데. 그리고 근사한 스포츠카를
> 사서 우리 아들이 원하는 곳이라면 어디든 돌아다닐 텐데.
>
> **민기** (웃으면서) 아이 참, 아빤 정말 엉뚱하다니까.

민기와 아빠는 함께 웃으며 버스정류장으로 걸음을 옮겼다.

상상력을 발휘하는 부모는 강제력을 행사하거나 훈계하지 않고
도 재미있고 부드러운 방식으로 아이를 설득할 수 있다.

상상력 외에도 희망 목록을 작성한다면 아이와의 불필요한 싸

움을 막을 수 있다.

현수 엄마는 마트에 갈 때마다 아이가 장난감을 사달라고 조르는 바람에 난처한 상태였다. 현수 엄마는 "집에 많잖아. 근데 또 사달라고?" 하고 꾸중하며 아이와 힘겨루기를 했다. 그러다가 하루는 "좋아. 그럼 네 희망 목록에 써놓아."라고 말함으로써 아이와 벌이게 될 싸움을 피할 수 있었다.

물론 이런 방법이 항상 효과를 발휘하는 것은 아니다. 하지만 아이들의 만족할 줄 모르는 요구에 대한 부모의 부정적인 대응 방식을 피하게 해주는 효과는 있다.

유머, 부모와 아이 사이의
긴장감을 해소시키는 장치

아이와의 싸움을 줄이는 방법으로 우스꽝스러운 연극도 활용해 볼 만하다. 주희 엄마는 주희가 엄마한테 버릇없는 말투로 말하자 눈썹을 치켜세우면서 속삭이듯 말했다.

"네가 왜 엄마한테 이런 말투를 쓰는지 모르겠구나. 설마 엄마를 나쁜 마귀 할멈으로 보는 건 아니지?"

엄마의 예상치 못한 반응에 아이는 깜짝 놀랐을 뿐만 아니라 분위기가 갑자기 달라졌다. 엄마의 반응은 주희의 주의력과 호기심을 끌어내는 데 성공했다. 주희의 말투가 부드럽게 바뀐 것은 물론이다.

은수와 정수가 툭탁툭탁 싸우는 모습을 본 아빠가 "너희들은 정말이지 신혼부부처럼 싸우는구나."라고 말했다. 그 말을 들은 아이들은 호기심에 찬 목소리로 "아빠, 그게 무슨 뜻이에요?"라고 물었다.

일단 아이들의 관심을 싸움에서 바꾸는 데 성공한 것이다. 아빠의 설명을 기다리는 동안 아이들은 자신들이 무엇 때문에 싸웠는지 잊을 수 있었다.

싸움을 없애는 또 하나의 방법은 "잊어버리자."라는 말을 하는 것이다. 민주 엄마는 딸이 학교 가기 전에 늘 꾸물거려서 잔소리를 많이 했다.

> **민주** 엄마, 내가 알아서 한다니까요!
>
> **엄마** 좋아. 그렇다면 이제부터 네가 알아서 해. 엄마 말은 잊어버리고.

엄마는 마치 별거 아니라는 듯 손을 저으며 민주 방에서 나갔다. 그러다가 다시 민주 방으로 와서 지각하지 않으려면 15분 뒤에는 집을 나서야 한다고 말해 주었다.

민주는 그날 아침을 먹었는데도 제시간에 학교에 갈 수 있었다. '잊어버리자'는 대수롭지 않은 말이지만 아이의 예민해진 신경을 누그러뜨리는 역할을 한다.

부모가 재촉할수록 더 꾸물거리는 아이의 심리

대다수 부모들은 아침에 아이가 꾸물거리거나 징징대는 것을 몹시 못마땅해 한다. 이때 부모들이 간과하는 것이 있는데, 아이들은 부모가 재촉할수록 빨리 하는 게 아니라 늑장을 부린다는 사실이다.

따라서 실랑이를 줄이기 위해서는 아침에 준비하는 시간을 최소한으로 해야 한다. 그 전날 준비물을 챙기고 가방을 싸놓으며, 다음 날 입을 옷을 꺼내놓는다면 아이는 준비하는 시간을 단축시킬 수 있다. 그리고 일어나야 할 시간에 미리 알람을 맞춰놓고 아이 스스로 일어나게끔 하면 된다.

이렇게 만반의 준비를 한다고 해서 아이와 아침에 실랑이를 벌이지 않는 건 아니다. 여전히 아이는 꾸물거리고 징징댈 것이다. 그리고 부모는 다른 때와 다름없이 아이를 재촉하고 잔소리해야 할지도 모른다. 그렇지만 최소한 "준비물 챙겼니?", "책가방 다 싸놓았어?"라는 잔소리는 하지 않아도 된다.

아이가 징징거리는 소리는 못으로 철판을 긁는 소리처럼 부모 귀에 거슬린다. 이때 "너 또 그렇게 징징거릴래?"라고 말하면 아이는 더욱더 징징거릴 것이다. 그럴 때는 "좋아. 다 좋은데, 예쁜

소리로 하면 어떨까?" 또는 "징징거려도 씩씩하게 말해 봐."라고
말하는 것이 바람직하다.

아이가 짜증낼 때는 '유머'가 답이다

아이의 짜증이나 화를 가라앉히는 방법은 부모가 유머로 바꾸
어 말하는 것이다. 다섯 살인 진우는 엄마와 마트에 갔다가 원하
는 장난감을 사주지 않자 그 자리에 당장이라도 드러누울 기세로
떼를 부렸다.

> **진우** 저거 사주지 않으면 엄마를 발로 차버릴 거야!
>
> **엄마** 와! 그거 재밌겠다. 엄마가 절뚝거리면서 여기를 돌아다니
> 는 것도.

이렇게 말하고는 절뚝거리는 시늉을 했다. 그러자 진우는 언제
떼를 부렸느냐는 듯 씩 웃었다. 그러더니 이내 다른 곳으로 시선
을 돌렸다.

정수는 초콜릿을 무척 좋아한다. 그래서 정수 엄마는 아이에게 가능하면 초콜릿을 적게 먹이기 위해 노력한다. 초콜릿을 일부러 사다놓지는 않지만 선물이라도 받는 날에는 초콜릿 위에 쪽지를 붙여놓았다.

정수에게!

와, 드디어 초콜릿 도둑을 잡았다! 초콜릿은 하나만 먹으세요!

－슈퍼마켓 형아가

정수는 그 쪽지를 보는 순간 웃음을 터뜨렸다. 그리고 다른 때처럼 많이 먹지 않았다.

민우는 거실에서 그림카드를 갖고 논 뒤 정리하지 않은 채 쭉 늘어놓았다. 거실이 온통 그림카드로 널려 있자 아빠는 민우의 방문에 이런 쪽지를 써서 붙여놓았다.

사랑하는 아들!

그림카드는 네 방에서 보면 어떨까? 아빠가 그림카드를 밟는 바람에

미끄러질 뻔했거든. 제발 아빠 좀 봐줘라.

－사랑하는 아빠가

그러자 민우는 다음 날 안방 문에 다음과 같은 쪽지를 붙여놓았다.

사랑하는 아빠!

아빠가 신문을 거실 이곳저곳에 놓아서 정신이 하나도 없거든요.

−아빠 아들 드림

다음 날 아빠는 민우의 방에 이런 쪽지를 붙여놓았다.

사랑하는 아들!

알려줘서 고맙다. 신문은 이번 주 수요일까지 깨끗이 치울게.

−사랑하는 아빠가

그러자 민우도 안방 문에 다음과 같은 쪽지를 붙여놓았다.

아빠!

저도 이제 그림카드는 제 방에서 볼게요.

−아빠 아들 드림

아이가 슬퍼하거나 분노하거나 두려워하는 등
부정적인 감정에 빠져 있을 때 부모는
그 감정에서 벗어나게 하기 위해 도와주려고 한다.
그런데 그러는 과정에서
오히려 아이를 더욱 부정적인 감정에
빠뜨리기도 한다. 그러면 아이는 부모가 자신의 마음을
몰라준다며 좌절하거나 실망한다.

2장

아이의 감정을
이해하고
대화의 물꼬 틀기

아이의 감정에 공감해 주면
이미 승부는 끝난 것

아이는 자신의 감정을 있는 그대로 드러낸다. 화를 내거나 슬퍼하거나 무서워하거나 질투하거나 두려워하는 감정을 가감없이 표현한다.

그런데 부모는 부정적인 감정을 받아들이는 데 익숙하지 않아서 아이가 자신의 감정을 표현하려고 하면 못하도록 윽박지르거나 타일러서 하지 못하게 한다.

이처럼 감정을 부정하거나 축소시키면 아이는 부모가 자신의 감정을 이해하지 못한다고 생각한다.

따라서 부모는 아이가 불평하거나 화를 내거나 두려워하는 등 부정적인 감정을 내보일 때 인정해 주어야 한다. 아이의 부정적인 감정을 인정하기란 쉽지 않지만, 시간과 기술이 있다면 불가능한 일도 아니다.

아이의 감정과 대면할 때 아이는 위로를 받는다

초등학교 3학년인 연우는 공부를 잘한다. 그래서 시험지를 들고 집에 올 때마다 자랑스럽게 엄마 아빠에게 내보이고는 했다.

그런데 어느 날은 머뭇거리며 가방에서 시험지를 꺼내 아빠에게 보여드렸다. 며칠 전부터 시험을 못 본 것 같다며 몹시 걱정하던 차였다.

연우 아빠, 성적이 별로예요.

아빠 별로라니, 뭐가 별로야?

연우 거의 90점 아래잖아요.

아빠 무슨 소리야? 90점 이상이 두 개나 되는 걸. 그리고 나머지는 다 80점 이상이고.

(아빠의 말이 믿어지지 않는다는 듯이 연우가 말했다.)

연우 아빠, 그럼 못 본 게 아니에요?

아빠 그럼. 이런 성적을 받고도 기분이 안 좋은 게 이상한 거야.

연우 아빠, 과학이 겨우 80점이라고요.

아빠 다른 친구들도 좋은 성적을 받지 못했을 거야.

연우 정말 그럴까요?

> **아빠** 누가 뭐래도 너는 좋은 성적을 받았어. 그러니 이제 볼멘소리 좀 그만 하렴.
>
> **연우** 아빠는 알지도 못하면서…….

연우는 뽀로통한 얼굴로 투덜거리며 방을 나갔다.

아이가 몸에 상처를 입었을 때 부모는 어떻게 해야 하는지 잘 알고 있다. 하지만 아이가 마음에 상처를 입었을 때는 어떻게 해야 하는지 잘 모른다. 다만 신체적인 상처를 치료할 때처럼 마음의 상처도 빨리 치료하여 아이가 그 고통에서 빠져나오길 바란다. 그래서 아이의 기분을 달래려고 이런저런 말들을 한다.

"별거 아냐. 왜 괜히 겁먹고 그러니?"

"금방이라도 세상이 무너질 것 같은 얼굴이구나."

"괜찮아. 엄마가 보기엔 별로 나쁘지 않은 걸!"

이런 식의 말은 아이의 감정을 외면하거나 악화시킨다. 또한 연우 아빠처럼 긍정적인 부분만 끄집어내 아이를 위로하는 것도 아이의 감정을 무시하는 것이다.

"90점 이상이 두 개나 되는 걸." 하고 말했는데도 아이가 징징거리자 아빠는 아이의 감정을 무시하는 발언을 하고 만다. "누가 뭐래도 너는 좋은 성적을 받았어. 그러니 이제 볼멘소리 좀 그만 하렴."

부정적인 감정에 빠져 있을 때 부모는 아이가 그 감정에서 벗어나도록 도와주려고 한다. 그러는 과정에서 오히려 아이를 더욱 부정적인 감정에 빠뜨리기도 하는데, 그러면 아이는 부모가 자신의 마음을 몰라준다며 좌절하거나 분노하거나 실망한다. 연우가 뾰로통한 얼굴로 방을 나간 것은 자신의 마음을 몰라주는 아빠에 대한 원망 때문이다.

'부모가 내 편'이라고 깨닫는 순간 아이의 마음은 말랑말랑해진다

부모가 아이의 마음을 이해하기 위해서는 사랑하는 감정 이상의 기술이 필요하다. 정서적으로 불안할 때 아이의 감정을 존중해 주면 아이는 부모가 자기 편이라는 걸 알게 된다. 아이의 감정을 인정하는 기술을 배운 한 엄마가 그대로 실천했더니 아이가 의아해하며 이렇게 말했다고 한다.

"엄마가 내 편을 들 때도 있네요. 항상 다른 사람 편만 들더니."

엄마는 아이의 반응에 놀랐다고 한다. 지금껏 아이를 위해서 한 말들이 아이에게는 어떠한 위로도 되지 못했기 때문이다. 아이의 감정을 인정하지 않으면 아이가 행복할 수 없다는 사실을 부모는 잊고는 한다. 아이의 감정을 인정하고 공감하기 위해서는 '내가 그 상황이라면 나는 어떤 감정일까?'라고 되물어보자. 아이를 판단하는 입장이 아니라 이해하는 입장으로 바꿔서 생각하는 것이다.

유천이가 농구 시합에서 져서 시무룩한 얼굴로 집에 들어왔다.

> **유천** 엄마, 시합에서 졌어요. 완전 기분 꽝이에요.
>
> **엄마** 정말 속상하겠구나. (사실 유천이 엄마는 "농구 시합이 이번만 있는 거는 아니잖아. 다음에 이기면 돼."라고 말하고 싶었다.)
>
> **유천** (놀란 얼굴로) 네.
>
> **엄마** 엄마는 네가 얼마나 이기고 싶어 했는지 잘 알아.
>
> **유천** 그랬죠. 하지만 괜찮아요. 아직 시합이 많이 남아 있잖아요.

만일 엄마가 "농구 시합이 이번만 있는 거는 아니잖아. 다음에 이기면 돼."라고 말했다면 유천이는 화를 냈을 것이다. 자기 마음은 알아주지도 않고 설교를 한다고 말이다. 하지만 엄마는 "정말 속상하겠구나.", "엄마는 네가 얼마나 이기고 싶어 했는지 잘 알아."라고 공감해 주자 유천이는 한 번 시합에 졌다고 해서 끝난 게 아니라는 사실을 스스로 깨달았다.

아이의 부정적인 감정까지
모두 사랑하기

부모가 아이의 감정에 공감해 주면 아이는 자신감을 갖는다. 그런데 아이가 의기소침해 있거나 좌절해 있을 때 그 감정을 받아들이는 부모는 많지 않다.

열한 살인 소정이는 식탁에 앉아 수학 숙제를 하고 있었다. 찡그린 얼굴로 숙제를 하더니 갑자기 수학책을 바닥에 집어던졌다.

> **소정**　이런 문제는 정말 풀기 싫어요. 이걸 더하라고 하고는 또 빼라, 그리고 곱하고 나누라고 계속 요구하잖아요. 이런 문제를 수없이 풀어야 하는 것도 싫고요.
>
> **엄마**　숙제가 많은가 보구나. 하루 종일 학교에 가서 공부하고 집에까지 와서 하면 더 싫겠다.

소정이는 놀란 얼굴로 엄마를 쳐다보았다. 엄마가 평소처럼 잔소리를 할 거라고 생각했기 때문이다. "그렇다고 책을 던지면 되니? 숙제는 기쁜 마음으로 해야지, 불평하면서 하면 더 늦어진다……."라고 말이다.

하지만 엄마가 공감을 해주자 소정이는 다시 숙제를 하기 시작했다. 엄마는 말 한마디로 아이가 숙제를 끝마치게끔 했다.

물론 아이의 감정을 인정해 준다고 해서 좌절했던 아이가 금세 힘을 얻어 자신감을 얻는 것은 아니다. 그럼에도 계속해서 격려해 줄 필요는 있다.

아이가 화났을 때 혼내는 것은 아무런 효과가 없다

초등학교 2학년인 서연이는 집에 오자마자 불평을 쏟아냈다. 노트를 갖고 가지 않아 선생님한테 혼났다는 것이다.

> **아빠** 저런, 많이 혼났어?
>
> **서연** 네. 그런데 동찬이는 안 혼났어요. 동찬이도 안 가져왔는데요.
>
> **아빠** 그랬어? 너만 야단맞아서 더 속상했겠구나.

> **서연** 네. 선생님은 그러면 안 되잖아요.
>
> **아빠** 불공평해서 더 화가 났겠다.
>
> **서연** 네. 선생님이 동생이라면 한 대 때려줬을 거예요.
>
> **아빠** 어이구! 우리 딸 정말 화가 많이 났네.
>
> (아빠는 서연이를 안아주며 토닥여주었다. 그제야 서연이는 활짝 웃으며 인라인스케이트를 타러 밖으로 나갔다.)

아빠는 서연이를 이해해 주고 적당히 참았던 화를 낼 수 있도록 했다. 부모는 아이가 잘못할 때 당장 고쳐줘야 한다는 사명감에 불타오르기 쉬운데, 아이의 감정을 어루만져 주는 것만으로 충분할 때가 있다.

이 상황에서 아빠는 서연이에게 노트를 왜 빠뜨리고 갔느냐며 잔소리를 할 수도 있었다. 하지만 그러지 않았다. 또 서연이가 "선생님이 동생이라면 한 대 때려줬을 거예요."라고 말할 때도 그런 말을 하면 안 된다고 타이르지 않고, "우리 딸 정말 화가 많이 났네."라는 말로 딸의 감정을 인정해 주었다. 아빠는 아이가 선생님한테 혼난 상태라서 아이를 꾸짖는 것은 그다지 효과적인 방법이 아니라는 것을 알고 있었다.

더구나 똑같이 노트를 안 갖고 온 동찬이는 안 혼냈다는 사실을 말했을 때도 아빠는 "불공평해서 더 화가 났겠다."라는 말로 서연이에게 공감해 주었다. 이때 "너와 동찬이가 무슨 상관이니? 노트를 안 갖고 간 것은 사실이잖아."라고 말했다면 서연이는 그렇게 쉽게 화를 풀지 못했을 것이다. 하지만 서연이 아빠는 딸이 화를 냈을 때 비판하거나 설교하지 않고 무조건 공감해 주었고, 아이는 아빠의 이해 덕분에 평소의 기분을 되찾을 수 있었다.

아이의 감정을 축소하거나 부정하지 말 것

열두 살 다은이는 무엇이든 완벽하게 해야 하는 성격이다. 피아노 대회에서 어려운 곡을 선곡하는 바람에 실수하자 연주가 끝난 뒤 엉엉 울었다.

> **엄마** 울지 마. 세상에 실수를 안 하는 사람은 없어. 엄마가 그랬잖아, 그 곡은 너한테 어렵다고.
>
> **다은** 제발 날 좀 내버려두세요. 그 얘긴 듣고 싶지 않으니까요.
>
> **피아노 선생님** 그래, 세상에 실수를 안 하는 사람은 없지만, 네가 지금 슬퍼하는 건 당연한 일이야.

> **다은** 맞아요. 내 기분이 지금 그래요. 그래도 선생님이 내 기분을 알아주시니 기분이 조금 풀렸어요.

엄마와 선생님 모두 다은이의 기분을 풀어주려고 했지만, 선생님의 말이 효과적이었던 이유는 다은이의 감정을 가감 없이 받아들였기 때문이다.

다음은 기찬이와 아빠의 대화 내용이다. 기찬이 아빠가 퇴근을 하고 집에 돌아오자 기찬이가 시무룩한 얼굴로 앉아 있었다.

> **기찬** 드디어 연극 배역이 모두 정해졌어요.
>
> **아빠** 자린고비전?
>
> **기찬** 네. 그런데 선생님이 뽑은 게 아니라 인기투표 순으로 뽑았어요. 그 역을 누가 잘하는지는 전혀 생각지도 않고요.
>
> **아빠** (인기투표로 뽑힌 아이들을 당장이라도 혼내고 싶은 표정을 지으며) 그래서 네가 원하는 역을 맡지 못한 거야?
>
> **기찬** 네. 나는 대사가 한마디도 없는 어린 아들 역이에요.
>
> **아빠** (인기투표로 배역을 뽑도록 한 선생님을 비난하고 싶은 마음을 누르며) 기찬아, 네가 선생님이라면 어떻게 배역을 정했을 것

같니?

기찬 나라면 재능이 있는 사람을 뽑았을 거예요.

아빠 음…… 그럼 넌 이 방식이 마음에 들지 않겠구나.

기찬 네. 어제까지는 연극하는 걸 기다렸는데, 이젠 가기 싫어요.

아빠 그렇겠다. 네 기분을 충분히 이해할 수 있어.

기찬 (그제야 웃으며) 아빠, 그래도 가야 해요. 연극이 끝나고 오신
분들에게 간단한 다과를 대접하기로 했거든요.

아빠는 아들의 감정에 공감해 주었고, 더욱 과장된 표정과 목소
리로 아들의 화난 감정을 대변했다. 그렇지만 선생님이나 반 아이
들을 비난하지는 않았다. 다만 "네가 선생님이라면 어떻게 배역을
정했을 것 같니?"라는 말로 아들이 스스로 생각해 볼 수 있도록
했고, "넌 이 방식이 마음에 들지 않겠구나."라고 말함으로써 아들
의 감정을 받아주었다.

더불어 "네 기분을 충분히 이해할 수 있어."라고 말해서 아들이
실망감을 극복하고 다시 연극할 수 있도록 북돋워주었다. 이처럼
아이의 감정을 있는 그대로 받아들여 주는 것이 가장 중요하다.

아이가 원하는 건
부모의 설교가 아니라
'영원한 내 편'이다

아이가 누군가에 대해 불평하면 대부분의 부모는 그 누군가를 두둔하게 마련이다. 아이와 반대편에 서서 친구나 담임 선생님, 또는 학원 선생님 등을 두둔하게 된다.

그렇지만 "선생님이 지금의 네 행동을 보면 얼마나 실망하실까?"와 같은 말은 하지 않는 게 좋다. 왜냐하면 그런 식으로 말하면 아이는 부모가 자신의 말을 귀담아듣지 않는다고 생각한다. 게다가 부모가 자신보다는 다른 사람을 더 중요하게 여긴다고 생각할 수도 있다.

그렇다고 무조건 아이 편을 드는 것 또한 깊이 생각해 볼 필요가 있다. 만일 선생님이 불합리하게 일을 처리했다고 해서 선생님을 비난하면 아이와 선생님 사이는 더 멀어질 것이다.

강요하지 않으면 아이는 하기 싫은 일도 스스로 한다

선규는 병원에 가는 걸 싫어한다. 병원에 가야 할 때마다 선규와 엄마는 실랑이를 벌였다.

"엄마, 오늘 꼭 병원에 가야 해요? 안 가면 안 돼요?"

"병원에 가는 게 왜 싫은 거니?"

선규 엄마는 "병원에 가기 싫어도 꼭 가야 해."라고 말하고 싶은 마음을 꾹 누르며 아이의 마음을 이해하려고 했다. 그러자 선규는 평소와 다르게 더 이상 아무런 불평도 말하지 않고 병원으로 향했다. 그런데 사람들로 북적이는 바람에 병원에서 한 시간이나 기다려야 했다.

"엄마, 의사가 무슨 권리로 우리를 한 시간이나 기다리게 하는 거죠? 정말 화가 나 미칠 것 같아요."

"나도 그래. 이렇게 오래 기다리게 하다니, 그럼 무슨 조치를 취하든가 해야지."

선규 엄마는 "그만큼 의사 선생님이 유명하다는 증거야."라고 말하고 싶었지만, 아이의 마음에 공감하며 같이 불만을 토로했다. 그랬더니 선규는 주사를 맞을 때도 다른 때와 다르게 엄살을 부리지 않았다.

"수고했어. 잘 참던데?"

"뭐, 주삿바늘이 들어갈 때만 살짝 아프던 걸요."

엄마는 선규가 감정을 표현할 때마다 아이의 감정을 인정해 주었을 뿐, 어떻게 하라고 강요하지 않았다. 그러자 선규는 훨씬 의젓하게 행동했다.

예진 엄마는 아이가 열두 살 때 재혼했다. 예진 아빠와 이혼한지 6년 만의 일이다.

예진 엄마, 엄마와 시간을 갖고 싶어요. 엄마가 재혼한 뒤 같이 있을 시간이 거의 없어요.

엄마 무슨 소리야? 우린 항상 같이 있잖아. 엄마가 직장에도 안 나가고.

예진 그건 그렇죠. 하지만 전과 달라요.

엄마 음······.

예진 엄마와 내가 단둘이 있었던 적이 없잖아요. 둘이 놀러 가지도 못하고요.

엄마 새아빠랑 지내는 게 힘들구나. 우리 둘만 지내다가 새아빠하고 있으니까 그런가 보다.

예진 새아빠하고 있는 것도 좋지만 엄마하고 단둘이 있고 싶을 때

막 재혼을 하고 나서 아이가 둘만의 시간을 갖고 싶다고 하면 새로 생긴 엄마나 아빠를 질투해서 그렇게 말한다고 생각할 수도 있다. 하지만 예진 엄마는 딸이 새아빠를 질투하는 것이 아니라, 단지 엄마와 같이 있는 시간을 원한다는 것을 깨닫고 해결책을 찾았다.

"엄마가 재혼한 뒤 같이 있을 시간이 거의 없어요."라고 아이가 말하면 예진 엄마처럼 "무슨 소리야? 우린 항상 같이 있잖아. 엄마가 직장에도 안 나가고."라는 말로 지금 당장의 현실을 설명한다. "하지만 전과 달라요."라고 예진이가 말하자 엄마는 "음……." 이라고 말함으로써 잠시 시간을 벌었다. 이처럼 "음……."이라는 말은 잠시 생각할 수 있는 시간을 주기도 하지만, 상대방에게는 경청하고 있다는 느낌을 갖게 한다. 또한 아이가 자신의 의견을 더 털어놓을 수 있으므로 단정적인 말을 하는 것보다 효과적이다.

아이의 감정은 받아주되, 행동은 제한할 것!

소현　나는 내 자신이 싫어요.

엄마　왜? 무슨 소리야?

소현　내가 바보 같으니까요.

엄마　왜 그런데? 엄마한테 말해 봐.

소현　얼굴이 미워요. 완전 못생겼어요.

엄마　네가 못생겼다면 예쁜 아이는 누구라고 생각하는데?

소현　머리가 긴 아이요.

엄마　그렇구나. 넌 머리가 짧지.

소현　엄마가 머리 안 자른다고 뭐라고 하셨잖아요.

엄마　넌 긴 머리가 좋니?

소현　네.

엄마　그럼 어떻게 할까?

소현　머리를 기르면 되죠, 뭐.

엄마　빨리빨리 머리가 자라야겠다.

소현　네. 이제 안 자를 거예요.

엄마　얼마나 기를 건데?

소현　어깨 아래로 내려올 때까지요.

> **엄마** 아! 그럼 머리를 땋을 수도 있겠다.
>
> **소현** 맞아요. 그럼 아주 예쁠 거예요.

소현이는 엄마와 대화하고 난 뒤 금세 기분이 좋아져서 밖으로 나갔다. 엄마는 아이의 감정을 능숙하게 다루어서 부정적인 감정을 긍정적으로 바꾸어주었다. 만일 아이가 "나는 내 자신이 싫어요.", "완전 못생겼어요."라고 말했을 때 "그렇게 말하면 안 돼. 넌 머리가 좋잖아. 친구들도 많고……."라고 말했다면 소현이가 왜 그런 감정을 갖게 되었는지 몰랐을 것이다. 하지만 엄마는 "왜 그런데? 엄마한테 말해 봐."라고 말하며 아이가 속마음을 말하도록 유도했다.

또 소현이가 머리 긴 아이가 예쁘다고 말했을 때도 너는 짧은 머리가 잘 어울린다고 말하지 않고, 얼마나 기를 것인지 물어보았다. 그런 다음에는 아이의 바람대로 길러서 머리를 땋을 수도 있겠다며 공감했다.

그렇지만 아이의 감정을 인정해야 한다고 해서 아이의 막무가내 행동까지 받아들여야 한다는 뜻은 아니다. 아이가 원하는 것을 해주지 못한다고 당장 어떻게 되는 것은 아니다.

아이가 원망과 분노를 드러낼 수는 있지만, 그것이 아이에게 치명적인 영향을 끼치는 것도 아니다.

따라서 아이의 감정은 너그럽게 받아주되 행동은 엄격하게 제한해야 한다. 때로 아이는 자신이 원하는 것을 얻지 못한다 해도 부모의 인정을 받으면 견뎌낼 수 있다.

일곱 살 지유가 아빠와 함께 중국집에 가서 메뉴를 고르는 장면이다.

아빠 뭐 시킬까? 짜장면 시키자.

지유 네. 근데 다른 것도 시켜요.

아빠 다른 거 뭐?

지유 나는 많을수록 좋아요.

아빠 (웃는 얼굴로) 그럼 짜장면을 50그릇 시킬까?

지유 아뇨. 100그릇 시켜요.

아빠 좋아. 1,000그릇 시키자.

지유 그래요. 이 세상에서 가장 많이요.

아빠 그럼 아빠가 지유를 위해서 이 세상에 있는 짜장면 다 시켜야겠다.

그렇게 말한 뒤 두 사람은 기분 좋게 웃었다. 아빠는 두 그릇의 짜장면을 시켰지만 부녀는 기분 좋은 식사 시간을 가질 수 있었다. 지유 아빠가 딸의 무리한 요구를 유머로 잘 받아넘겼기 때문이다.

만일 아빠가 지유의 요구를 단호하게 거절했다면 어떤 일이 벌어졌을까? 아마 아이는 짜장면을 앞에 두고 징징거려 식사 시간을 엉망으로 만들었을 것이다.

아이가 자신의 생각을 말할 때까지 기다려라

부모는 아이가 원하는 것을 다 알고 있다고 착각한다. 그래서 아이가 말을 끝내기도 전에 말을 잘라서 아이의 생각을 알아낼 수 있는 시간을 날려버린다. 아이가 원하는 것이 무엇인지 알기 위해서는 인내심을 갖고 아이 스스로 말할 때까지 기다려야 한다.

영호 아빠는 일곱 살인 영호를 데리고 놀러갔다. 아빠는 아이와 함께 수영도 하고, 모래성도 쌓고, 조개도 캐면서 하루 종일 바닷가에서 시간을 보낼 생각으로 바닷가와 가장 가까운 숙소를 예약했다. 그런데 영호는 바닷가와 가장 멀리 떨어져 있는 숙소가 좋다고 고집을 피웠다.

아빠   영호야, 바다가 무섭니?

영호   아뇨! 파도 소리가 시끄러워서 그래요.

(아빠가 바닷가와 가장 멀리 떨어져 있는 방으로 숙소를 바꾸고 나자 영호

가 말했다.)

영호   음…… 사실은 바다가 좀 무서워요.

아빠   바다가 무섭다고?

영호   바람이 막 불면 파도가 크게 밀려오잖아요. 아주 무섭게 달

        려와요.

아빠   그건 그렇지.

영호   음…… 파도가 우리를 덮칠 것 같아요.

아빠   그렇구나.

영호   태풍이 지나간 뒤 나갔을 때 봤어요. 조개가 모두 깨져 있었

        어요.

아빠   태풍이 지나가면 조개가 깨지지. 그래서 더 바다가 무섭기

        도 해.

영호   맞아요, 아빠.

아빠는 아들의 말에 귀를 기울임으로써 아들과 자신이 얼마나 다르게 생각하는지 깨닫게 되었다. 아울러 어른들의 시각으로 아이를 바라봐서는 안 된다는 것도 알게 되었다.

아이의 감정을 이해하기 위해서 앵무새처럼 아이의 말을 그대로 따라 할 필요는 없다. 만일 아이의 말을 그대로 따라 하면 아이는 부모의 진심을 의심할지도 모른다. 아이의 말을 그대로 따라 하지 않아도 아이의 말에 공감하고 있다는 것을 표현할 수 있다.

만일 영호가 "음…… 사실은 바다가 좀 무서워요."라고 말했을 때 아빠는 아이의 말과 조금 비슷하게 "바다가 무섭다고?"라고 대답했다. 이처럼 비슷한 말을 사용하면 아이에게 건성으로 공감하는 것을 피할 수 있다.

'왜?'라는 말이 들어간 질문은 심문을 당하는 느낌을 줄 수 있으므로 적당하지 않다. 아이의 말을 귀담아듣고 물어보면 아이는 마음의 부담감을 덜게 된다.

부모는 명탐정!
아이의 마음을
정확하게 파악하라

    엄마는 아이에 대한 정보를 가능하면 많이 수집하고 있어야 한다. 더욱이 아이를 괴롭히는 것이 무엇인지 알아내기 위해서 탐정처럼 예리해져야 할 때가 있다. 만일 아이가 제대로 말을 하지 못할 때는 아이의 말을 따라 하며 받아주거나, 그와 비슷한 말을 하여 아이가 제대로 말하도록 도와주어야 한다.

    아이의 말을 중간에 끊지 말고 "음…….", "그래서…….", "아…… 그랬구나."라는 말로 아이의 말을 잘 듣고 있다는 걸 알려주는 것도 좋은 방법이다. 그러면 아이는 자신이 하고 싶은 말을 할 수 있게 된다.

    아이의 감정을 특정한 단어로 말해 줄 수도 있다. 어느 날 진수 엄마는 진수가 새 안경 때문에 아이들한테 놀림거리가 되었다는 말을 듣고는 "그래서 정말 당황했겠구나." 하고 말해 주었다. 유진이 엄마 역시 유진이가 친구 생일 파티에 자신만 초대받지 못했다는 것을 듣고는 "얼마나 화가 났니? 너만 빠져서 실망했겠구나."라고 말해 주었다.

이처럼 아이의 감정을 정리해서 말해 주면 아이는 자신의 부정적인 감정들이 결코 이상하지 않다는 것을 알게 된다.

부모의 태도가 갑자기 바뀌면 아이는 의심의 레이더를 가동한다

부모가 아이의 감정을 인정해 주었는데 아이가 이상하게 받아들이면 부모는 아이의 감정을 인정하는 걸 망설이게 된다. 예담이 엄마도 그런 경우다.

어느 날 열두 살 예담이가 "엄마는 왜 그렇게 말해요."라고 말하며 엄마를 의심스러운 눈초리로 바라보았다. 왜냐하면 평소와는 다르게 엄마가 아이의 감정을 인정해 주었던 것이다. 그랬더니 아이는 엄마가 자신을 마음대로 다루기 위해 그런다고 의심했다.

내 경우도 다르지 않다. 아들이 학교에 갔다 와서 여러 가지 불평을 늘어놓을 때마다 나는 이렇게 말해 주곤 했다.

"그러니까 열심히 좀 하지 그랬어."

"아이들과 잘 지내라고 했잖아."

"너는 왜 선생님 말씀을 잘 듣지 않니?"

이런 식으로 비판적으로 말하다가 어느 날부터인가 아들의 감정을 인정하기 위해 노력하기 시작하자 아들이 이상하다는 듯 쳐다보았다.

그러던 어느 날 아들이 "나 내일 학교에 가지 않을래요. 선생님이 이상해요."라고 말했을 때 나는 "오늘 선생님 때문에 힘들었나 보구나."라고 대답했다. 그러자 아들은 적대감에 가득 찬 눈빛으로 나를 바라보더니 "비웃지 마세요."라고 말하며 화를 내는 것이 아닌가. 그제야 나는 아들이 내 말을 잘못 받아들였다는 것을 깨달았다. 그만큼 나는 아이의 감정을 이해하려고 하지 않았던 것이다. 하지만 계속해서 아이의 감정을 인정해 주었더니 아이도 내 말이 진심에서 우러나온 것이라는 것을 알고 받아들였다.

아이의 감정을 인정해 주려면 어떤 상황에서든 인내심을 갖고 아이의 말을 끝까지 들어야 한다. 만일 당신이 밖에서 화가 나는 일을 겪고 나서 집으로 돌아왔다고 하자. 그런데 아이들이 달려들며 이런저런 불평을 쏟아낸다면 과연 이성을 갖고 응대할 수 있을까? 아마 짜증부터 낼 것이다. 이럴 때에는 아이들에게 잠깐 시간을 달라고 부탁하는 것이 현명하다.

"잠깐만! 지금 엄마가 할 일이 있으니까 나중에 말해 주렴."

"이따가 엄마가 오라고 할 때 한 명씩 와서 이야기해 줘."

이런 식으로 부모와 아이가 똑같이 힘든 일을 겪었을 때는 상태가 더 나쁜 쪽의 감정을 돌보아야 한다. 부모가 괴로운 일이 있거나, 지친 상태거나, 뭔가 몰입해야 할 일이 있거나, 걱정거리가 있다면 아이와 진정한 대화를 나눌 수 없다.

믿기지 않겠지만 아이도 혼자 있고 싶을 때가 있다

아이도 어른처럼 자신의 감정을 말하고 싶지 않을 때가 있으므로 아이가 혼자 있고 싶어 하면 굳이 방해할 필요는 없다.

> **엄마** 엄마와 아빠가 이혼을 하기로 결정했단다. 내일 법원에 갈 거야. 엄마 아빠의 결정에 대해 넌 어떻게 생각하니?
>
> **예찬** (게임을 하면서) 엄마가 하고 싶은 대로 하세요.
>
> **엄마** 정말 괜찮아?
>
> **예찬** 네. 아빠 보고 싶을 때 보러 가면 되잖아요.
>
> **엄마** 엄마는 네 진심을 알고 싶은데.
>
> **예찬** 엄마, 날 사랑은 해요?

엄마 물론이지, 널 사랑하고말고.

예찬 그럼 좀 나가 주실래요? 이거 끝내야 하거든요.

아이들도 상처를 입으면 혼자 있고 싶어 한다. 부모의 이혼처럼 심각한 문제는 물론이거니와, 사소한 일이라 할지라도 진지하게 생각하고 싶을 때가 있다. 아이의 사생활이 필요한 순간이다.

아이의 감정을 인정하는 것으로 모든 문제가 해결되면 좋겠지만 현실은 그렇지 않다. 특히 아이가 괴로워하면 부모는 어떤 문제든 해결해 주고 싶어 하지만, 실제로 부모가 나서서 해결해 줄 수 있는 일은 많지 않다.

열 살인 시완이는 친한 친구가 없어서 고민이다. 엄마는 어떻게든 시완이를 도와주려고 반 아이들을 집으로 초대했지만, 그것도 그때뿐이었다.

어느 날 엄마는 외출하려다가 시완이가 자기 방 책상에 엎드려 훌쩍이는 것을 보았다. 엄마가 조심스럽게 물었다.

엄마 무슨 일이니? 왜, 어디 아프니?

시완 (얼른 일어나며) 아니요, 그게 아니라요…….

엄마 기분이 안 좋아 보이네. 혹시 글짓기 숙제 때문이니?

(엄마는 시완이 옆에 놓인 글짓기 노트를 보며 말했다.)

시완 네. 글짓기는 정말 어려워요.

엄마 음…….

시완 엄마한테 말하려고 했는데 할 수 없었어요.

엄마 네 마음 알아. 어떤 일은 말하기가 어렵지.

시완 한 문장이면 되는데 그래요.

엄마 엄마가 모든 걸 다 알 수는 없단다.

시완 그럼 종이에 쓸게요.

엄마 좋아. 종이에 써봐.

(시완이는 종이에 '나에게 만약 친한 친구가 있다면'이라고 썼다. 이것을 본 엄마가 말했다.)

엄마 친한 친구를 갖는다는 건 정말 힘든 일이라는 걸 엄마도 잘 알아.

엄마는 시완이가 무엇 때문에 힘들어하는지 알게 되었고, 아이의 마음에 공감해 주기 위해 애썼다. 그랬더니 시완이는 혼자서 글짓기 숙제를 마치고 나서 엄마에게 읽어주었다.

수호와 재원이는 같은 유치원에 다녔다. 초등학교도 같은 학교에
입학했다. 같은 반이 되었을 때 별로 친하게 지내지 않다가 방과 후
수업을 들으면서 친하게 되었다…….
그 뒤로 수호와 재원이는 둘도 없는 친구로 지내고 있다.

시완이는 수호와 재원이가 어떤 일로 친해졌는지 자세하게 적
었다. 아마 자신도 그런 식으로 친한 친구를 만들었으면 하는 바
람으로 쓴 것 같았다.

이것을 본 엄마는 마음이 아팠지만 겉으로는 아무런 내색도 하
지 않았다. 만일 말을 잘못하면 시완이가 실망해서 더욱 힘들어할
지도 모르기 때문이었다.

아울러 친구가 없다고 해서 시완이한테 문제가 있어서 그런 것
이라는 느낌을 주지 않도록 주의했다. 이를테면 "학교에서 어떻게
행동했길래 친한 친구가 한 명도 없니? 네가 심술궂게 행동하는
거 아니야?"라는 식의 말을 하지 않았다.

비록 엄마가 시완이의 친구 문제를 해결해 주지는 못했지만 아
이의 사기를 북돋워줌으로써 아이의 마음을 이해해 주었고, 시완
이는 글짓기 숙제를 무사히 끝마칠 수 있었다.

아이가 집을 나가겠다고 할 때

가끔 아이들이 화가 나서 집을 나가겠다고 억지를 부릴 때가 있다. 그럴 때 부모들은 "좋아. 내가 짐 싸는 것을 도와줄게." 하며 주섬주섬 가방을 챙기는데, 좋지 않은 대응 방법이다. 이러한 역설적인 방법이 효과가 있을 거라고 생각하지만, 나가면 갈 곳이 없는 아이들에게는 선전포고나 다름없다.

> **승수**   나 집에서 나가고 싶어요. 다른 집에서 살면 좋겠어요.
>
> **엄마**   정말이니?
>
> **승수**   아이 없는 집에 입양을 가고 싶어요.
>
> **엄마**   네가 집을 나가면 엄마는 불행할 거야.
>
> **승수**   거짓말! 엄마는 승호와 민아는 잘못해도 혼내지 않잖아요.
> 난 승호와 민아가 싫단 말이에요. 날 날마다 놀린다고요.
>
> **엄마**   엄마와 아빠는 네 동생들도 사랑하지만 승수 너도 정말 사
> 랑해. 네가 다른 집으로 가면 정말 많이 슬플 거야. 널 보고
> 싶어서 날마다 울지도 몰라.
>
> **승수**   그래도 난 나갈 거예요.
>
> **엄마**   엄마가 그냥 나가게 내버려둘 것 같아? 다른 집에 입양되는

것은 어림도 없지. 넌 내 아들이니까. 또 엄마 옆에서 늘 도
와주었는데 네가 없으면 엄마를 도와줄 사람이 없잖아. (승
수가 슬며시 웃는다.) 게다가 너 집 나가면 돌봐주는 사람 없
을 텐데, 괜찮아? 아마 제대로 씻지도 못해서 널 데려가겠
다는 사람이 아무도 없을 걸.

엄마의 말이 끝나자 승수는 엄마의 무릎을 베고 누웠다.

아이들은 부모가 자신을 필요로 한다는 걸 확인하고 싶어 한다.
부모의 인정을 받으면 언제 화를 냈느냐는 듯이 금세 기분이 풀어
진다.

'절제의 힘',
바른 인성을 갖기 위해
꼭 필요한 것

아이의 행복을 바라지 않는 부모는 없을 것이다. 그런데 그 바람이 아이를 훈육하는 데 걸림돌이 되기도 한다. 아이의 행복을 위해서라면 무슨 일이든 할 준비가 되어 있는 부모들은 아이를 절제시키는 데 한계가 있다. 아이가 설령 부당한 요구를 해도 선뜻 안 된다는 말을 하지 못한다.

하지만 아이가 바른 인성을 가진 인격체로 성장하기 위해서는 꼭 해야 될 일과 해서는 안 될 일이 있다는 걸 잊지 말자. 음식점에 가서는 정신없이 돌아다니지 말아야 하고, 잠자리에 들 때는 양치질을 해야 하며, 자기가 갖고 놀았던 장난감은 정돈하도록 해야 한다. 더불어, 인사를 잘해야 하고 동생과 나누어야 한다는 것도 가르쳐야 한다. 그러나 이런 식으로 하나하나 짚어서 얘기하다 보면 아이가 부모를 잔소리꾼으로 생각하거나, 부모의 말을 들은 척도 하지 않게 될 것이다.

부모가 엄격하게 가르치면 아이는 그걸 가르치는 부모까지 싫어하게 된다. 부모 자체와 부모가 가르치는 것이 엄연히 다르다는 것을 구분하지 못하기 때문이다. 부모가 아이의 행동을 단호하게 규제할 때 이렇게 말하는 아이들도 있다.

"엄마 미워! 엄마는 항상 혼내기만 해. 엄마 죽었으면 좋겠어. 난 엄마를 싫어해!"

그래서 종종 부모는 아이의 환심을 사기 위해 노력한다. 그러나 부모가 알아야 할 것이 있다. 아이를 절제시키면 아이가 짜증을 부리거나 화를 내는데, 이는 일시적이라는 사실이다.

재희   엄마, 나 초콜릿 사줘요.

엄마   안 돼. 초콜릿 먹으면 이가 썩어.

재희   엄마 미워!

엄마   초콜릿 안 사줘서?

재희   네. 이젠 엄마랑 놀지 않을 거야. 엄마랑 친구도 안 할래.

엄마   정말? 엄청 화났구나!

재희   네.

엄마   하지만 조금 있으면 다시 엄마랑 놀자고 할 걸.

10분쯤 지나자 재희는 언제 그랬느냐는 듯 엄마에게 다가왔다.

> **재희** 엄마, 나 이제 화 하나도 안 나요. 나랑 인형 놀이해요.
>
> **엄마** 좋아. 이리 가지고 오렴.

엄마는 딸의 요구를 훌륭하게 거절했다. 엄마는 재희가 초콜릿을 사주지 않으면 화낼 것이라고 생각하고 있었다. 그래서 재희가 무슨 말을 하든 즉시 바로잡으려고 하지 않고 기다려 주었다.

대다수 부모들은 아이가 생각 없이 내뱉는 말에 상처를 받는다. 그것이 일시적인 감정에 의해서 하는 말이라 해도 그렇다. 아이가 강한 혐오감이나 증오심을 표출할 때조차 그것에 중요한 감정이 실려 있다고 믿어서는 안 된다. 그 순간 아이가 그렇게 느낄 뿐이다.

재희 엄마는 딸이 화를 냈을 때 설득하려고 하지도 않았고, 그렇다고 나쁜 엄마가 된 것처럼 느끼지도 않았다. 그 대신 아이가 초콜릿을 먹는 게 좋지 않다는 생각을 지키면서 딸의 감정도 인정해 주었다. 더불어 "정말? 엄청 화났구나!", "조금 있으면 다시 엄마랑 놀자고 할 걸." 하고 말해 주어 재희가 화났다는 것을 엄마도 알고 있고, 그런 감정은 금세 사라진다는 것도 알려주었다.

아이의 행동에 제동을 거는
"안 돼!"라는 말과 친해져야 한다

아이들은 매우 영리하다. 부모가 "안 돼!"라고 말하기를 어려워한다는 것을 아는 순간, 그것을 교묘하게 이용하는 아이도 있다. 또 부모가 "안 돼!"라는 말을 어려워할수록 아이들은 떼를 많이 쓴다.

은서 엄마는 은서가 하도 졸라서 두 손 두 발 다 들고 말았다.

은서   엄마, 저 드라마는 꼭 봐야 돼요.

엄마   안 돼! 너 학교 갔다 와서 계속 텔레비전만 봤잖아.

은서   그렇긴 한데, 숙제가 없단 말이에요.

엄마   그래?

은서   엄마, 제발요. 나 저 드라마 꼭 보고 싶어요. 정말 재미있다 고요.

엄마   벌써 몇 시간째니? 눈이 다 충혈됐어. 빨개.

은서   딱 한 시간만요. 한 시간만 보면 돼요.

엄마   저건 어른들이나 보는 거야.

은서   아니에요. 다른 친구들도 다 본다고요. 아마 엄마가 보지 못 하게 해서 못 봤다고 하면 친구들이 놀릴 거예요. 저 드라마

> 안 보면 친구들이랑 대화가 안 되는 걸요.
>
> **엄마** 알았어. 그럼 딱 한 시간만 보는 거다.

엄마는 은서가 친구들과 대화가 통하지 않을지도 모른다는 생각에 허락하고 말았다. 친구들 사이에서 왕따 아닌 왕따를 당할까봐 걱정이 된 것이다. 많은 부모들이 "친구들이랑 대화가 안 된다고요."라는 말에 결국 항복하고 만다.

다음은 이러한 함정에 빠지지 않는 부모의 행동이다.

> **경석** 아빠, 주말에 친구들이랑 영화 보기로 했어요.
>
> **아빠** 어떤 영화인데?
>
> **경석** 제목은 잘 생각이 안 나는데요, 요즘 제일 인기 있는 영화라던데요.
>
> **아빠** 혹시 그 영화 조폭들이 나와서 싸우는 영화 아니니?
>
> **경석** 맞을 걸요?
>
> **아빠** 너무 폭력적인 영화라서 아빠는 네가 그 영화를 보는 것에 찬성할 수가 없다.
>
> **경석** 그 영화 본 친구들도 이미 많은 걸요. 아빠만 나를 아이 취

> 급해요. 준하 아빠는 봐도 된다고 허락하셨다고요.
>
> **아빠** 준하 아빠가 허락했다고 해도 아빤 허락할 수 없어. 왜냐하면 아빠가 보기에 네가 그 영화를 보면 좋지 않다고 판단하기 때문이야. 그 영화 말고 다른 영화를 말해 보렴. 그걸 보여줄게.

아이가 어떤 프로그램을 보겠다고 집요하게 조르면 마지못해 승낙하는 경우가 있다. 하지만 어떤 부모들은 "우리 집에서는 저런 프로그램은 절대 보지 않아."라고 못을 박아 보지 못하도록 한다.

한번 정해 놓은 규칙은 반드시 지킬 것

부모가 정해 놓은 규칙은 반드시 지켜야 한다는 것을 아이가 알아야 한다. 타협의 여지가 없는 규칙들 말이다. 만일 아이에게 꼭 가르쳐야 할 가치가 있다면 아이의 상황이나 눈치를 살펴서는 안 된다. 거짓말을 해서는 안 된다거나, 폭력을 써서는 안 된다는 것을 가르치기 위해서는 아이에게 좋은 소리로 타이를 수만은 없다.

아이가 부모로부터 거절당해서 상처를 받을지도 모른다고

생각하면 제대로 가르칠 수 없다. 또 실생활에서 부모가 좋은 게 좋다는 식으로 대충 넘어가면 나중에 아이가 잘못된 행동을 해도 나무랄 수가 없다.

　서준이는 엄마와 피아노 학원에 가다가 붕어빵을 사달라고 졸랐다.

> **서준**　엄마, 나 붕어빵 먹고 싶어요.
>
> **엄마**　그건 좋은 생각 같지 않구나.
>
> **서준**　아뇨, 좋은 생각이에요. 저거 하나만 먹을게요.
>
> **엄마**　안 돼. 점심을 너무 많이 먹었잖니. 오늘은 더 이상 간식을 안 먹기로 했잖아.
>
> **서준**　제발요, 이번만 사주세요.
>
> **엄마**　먹고 싶어 하는 것은 엄마도 알지만, 오늘은 제발 엄마 좀 봐주라.
>
> **서준**　그럼 피아노 수업 끝나면 사주세요. 붕어빵 말고 다른 것이라도 괜찮아요.
>
> **엄마**　좋아. 수업을 잘 받으면 그때 사줄게.

피아노 레슨이 끝나고 엄마는 서준이에게 사탕을 사주었다. 실제로 서준 엄마는 단호하게 말해야 할 때 "그건 좋은 생각 같지 않구나."라는 말로 서준이가 사달라는 것을 포기하지 못하도록 했다. 처음부터 사주어야 할지 사주지 말아야 할지 결정을 못했고, 여러 가지 이유를 대며 서준이의 눈치를 살폈던 것이다.

"먹고 싶어 하는 것은 엄마도 알지만……"이라는 식으로 아이의 바람을 인정한 것은 괜찮지만 "오늘은 제발 엄마 좀 봐주라."라는 말은 적당하지 않다. "오늘은 안 돼."라고 말했더라면 서준이가 훨씬 더 쉽게 포기했을 것이다.

엄마가 단호하게 거절하지 않고 여지를 주자 서준이는 마치 자신의 요구가 당연하고 엄마의 거절은 잘못되었다는 생각을 하게 되었고, 결국 엄마는 아들에게 붕어빵 대신 사탕을 사주어야만 했다.

예외란 없다,
"안 돼."라고 말할 때는
단호하게!

부모가 아이에게 안 된다고 해야 할 때는 아이가 '혹시나.' 하는 마음을 품지 않도록 단호하게 말해야 한다. 아이는 부모가 미온적으로 표현하면 그 틈을 놓치지 않고 떼를 쓴다. 그러므로 부모가 아이의 요구에 어떻게 해야 할지 확신이 서지 않을 때는 "잠깐 생각해 보자."고 말함으로써 시간을 버는 것도 하나의 방법이다.

어떤 아이는 부모가 안 된다고 단호하게 말하면 자신의 뜻이 관철될 때까지 떼를 쓰거나 울기도 하고, 또 어떤 아이는 왜 안 되느냐고 따지면서 끝까지 논쟁하려 들기도 한다.

이때 부모는 왜 안 되는지 확실히 말해 주고, 일단 결정한 것은 철저히 지키는 것이 다음에 똑같은 일이 반복돼도 쉽게 해결할 수 있는 방법이다.

아이들은 때로 엄마나 아빠를 향해 나쁘다는 자극적인 표현을 함으로써 자신의 뜻을 관철시키려고 하는데, 이럴 때조차 정해 놓은 규칙대로 해야 아이가 고집을 부리지 않는다.

> **승민** 엄마, 냉장고가 텅텅 비었어요.
>
> **엄마** 그래? 잘 찾아 봐.
>
> **승민** 엄마, 냉장고를 보니까 우리 집이 가난해 보여요.
>
> (엄마는 승민이의 말에 얼마나 많은 아이들이 못 먹고 사는지 이야기하고 싶었지만 꾹 참았다.)
>
> **엄마** 거기 귤 있잖아. 그거 먹어.
>
> **승민** 윽! 그건 먹기 싫어요.
>
> **엄마** 먹기 싫으면 말고. 그래도 찾아보면 네가 먹을 수 있는 게 있을 거야.
>
> **승민** 엄마, 냉장고 정리하는 것은 엄마가 해야 되는 일 아닌가요? 냉장고 정리 좀 하세요.

승민 엄마는 승민이의 자극적인 말에 아이를 나무랄 수도 있었지만 아무 말 없이 주방에서 나왔다. 승민이는 엄마가 주방을 나가자 식빵에 버터를 발라 먹었다.

만일 엄마가 승민이의 비난에 상처를 받아 자신의 행동을 정당화시키거나 아이의 행동을 나무랐다면 어땠을까? 바빠서 마트에 가지 못했다는 변명을 늘어놓았거나, 너는 왜 몸에 좋은 음식은 먹지 않느냐는 잔소리를 했다면 승민이와 엄마 모두 기분이 상해서 말싸움이 계속되었을 것이다. 하지만 엄마는 그 자리를 피함으로써 아이와 불필요한 말싸움을 하지 않을 수 있었다.

또한 승민 엄마는 냉장고에 음식이 없는 것에 대해 미안함을 느끼지 않았다. 뿐만 아니라 승민이가 좋아하는 것이 냉장고에 없다는 걸 알면서도 마트로 달려가지도 않았다. 대신 아들의 불만을 그대로 들어주면서 자신이 하고 싶은 말은 함으로써 아들에게 선택의 기회를 주었다.

부모의 죄책감, 아이의 떼를 받아주는 원인이다

아이가 "엄마, 미워!", "엄마는 날 사랑하지 않나 봐.", "엄마는 불공평해."라고 말하면 엄마는 자신의 행동이 너무 심하지는 않은지 돌아보게 된다. 아이에게 너무 냉정하게 말하지는 않았는지, 그 정도는 허락해야 하지 않았나 하는 자책감에 아이의 요구를 들어주고 싶은 마음이 들기도 한다.

아이가 불행해지기를 바라는 부모는 없을 것이다. 그래서 부모

때문에 아이가 행복감을 느끼지 못한다고 생각하면 죄책감을 갖게 되는데, 이러한 죄책감은 아이를 교육시키는 데 걸림돌이 될 수 있다.

"아이가 화를 내며 울 때는 아이의 요구를 들어주는 것이 낫지 않나 하는 생각이 들어요. 아이가 행복해할 때 좋은 부모라는 생각이 들거든요."

직장 생활을 하는 지은 엄마는 자신보다 먼저 남편이 퇴근해 딸과 놀고 있는 것을 볼 때마다 일을 그만두어야 하는 것이 아닌가 하는 생각을 했다. 더구나 지은이가 엄마에게 섭섭한 마음을 표현하는 날에는 더욱 그랬다.

8시쯤 집에 들어가자 그날도 어김없이 지은이가 엄마를 향해 서운한 마음을 쏟아부었다.

"엄마, 싫어! 날마다 늦게 오고. 엄마랑 말도 하기 싫어."

아이의 가시돋친 말에 엄마는 죄책감을 느껴 회사를 당장이라도 그만두고 싶다는 생각에 몹시 괴로워했다. 그리고 그러한 죄책감은 며칠 동안 계속되었다.

그러던 어느 일요일 오후, 엄마는 지은이와 같이 도넛을 만들면서 진솔한 이야기를 나눌 기회를 갖게 되었다.

지은 엄마, 연수 엄마는 직장에 안 다녀요.

엄마 그래?

지은 음식도 잘 만들어요. 놀러가면 맛있는 것을 많이 해주세요.

엄마 엄마도 맛있는 거 좋아하는데.

지은 연수 엄마는 음…… 스파게티나 피자를 만들어줘요.

엄마 그렇구나.

지은 사실은 연수 엄마도 직장에 다녀요. 하지만 연수가 학교에서 돌아올 때는 꼭 집에 계세요.

엄마 연수 엄마는 파트 타임으로 일하시나 보구나.

지은 아니에요. 집에 일찍 오는 것은 연수랑 같이 있기 위해서래요.

엄마 너도 연수 엄마처럼 엄마가 집에 일찍 오기를 바라지? 엄마도 연수 마음 알아. 그런데 이렇게 맛있는 도넛을 먹어본 적 있니?

지은 이건 도넛이라 할 수 없어요. 완전 뭉개졌잖아요.

(지은 엄마는 뭉개진 것을 뚝 잘라서 먹으며 씩 웃었다. 그러자 지은이도 똑같이 따라 하며 낄낄거렸다.)

엄마 만일 우리가 뭉개진 것을 다 먹으면 도넛은 하나도 남지 않을 거야.

지은 엄마는 애써 자신의 입장을 아이에게 설득하려고 하지 않았다. 그러자 자신의 처지에 대한 연민이 생기지 않았고, 지은이도 더 이상 엄마의 죄책감을 자극하지 않았다.

부모가 아이를 비난해서는 안 되는 것처럼 아이가 부모를 비난

하도록 내버려두어서도 안 된다. 아이와 함께 지내는 시간이 적더라도 아이와 같이 있는 시간에 최선을 다하면 된다.

엄마는 슈퍼우먼이 아니다! 아이의 요구를 거절해도 된다

직장에 다니는 윤주 엄마는 바빠서 일곱 살인 윤주와 지낼 시간이 많지 않다. 하지만 아이와 있는 시간만큼은 아이에게 집중해서 놀아주었다. 그날도 엄마는 윤주와 보드게임을 두 번이나 했다. 그런데도 윤주는 더 하자고 졸랐다.

윤주 엄마, 딱 한 번만요. 한 번만 더해요.

엄마 안 돼. 충분히 했잖아. 엄마는 이제 저녁을 준비해야 해.

윤주 엄마 미워! 보드게임을 한 번 더 하지 않으면 울 거예요.

(그 말에 갑자기 윤주 엄마는 마음이 약해졌다. 그런데 아이에게 좋은 엄마라는 인식을 심어주기 위해 게임을 할 필요는 없다는 생각이 들었다.)

엄마 윤주야, 두 번이나 했잖아. 이제 엄마는 저녁을 준비해야 해. 그리고 게임은 다음에 또 하자.

엄마가 단호하게 거절하자 윤주는 게임 도구를 정리하기 시작했다. 그러면서도 아쉬운지 "알았어요. 하지만 다음번에는 내가 꼭 이길 거예요."라고 대답했다.

엄마는 슈퍼우먼이 아니다. 순간순간 아이를 위해 최선을 다하면 된다. 아이에게 "이 정도면 충분해." 혹은 "됐어. 그만 하자."라고 말할 때마다 죄책감을 느낄 필요는 없다. 아이의 욕구를 채워주기 위해 무조건 엄마 자신을 희생자로 만들어서는 안 된다.

며칠 후 윤주 엄마는 회사에서 안 좋은 일이 있어서 기분이 몹시 나쁜 상태로 저녁을 맞게 되었다. 그런데 윤주는 여전히 재잘거렸고 엄마에게 뭔가를 끊임없이 요구했다. 보온병에 주스를 넣어 달라고 했고, 같이 인형 놀이를 하자고 했다.

윤주 엄마는 소리를 지르며 야단을 치고 싶었다. "윤주야, 너 왜 이렇게 징징대니? 제발 좀 가만 있어."라는 말이 목구멍까지 올라왔지만 대신 이렇게 말했다.

"윤주야, 지금부터 엄마 말 잘 들어. 엄만 지금 기분이 몹시 안 좋아. 너 때문에 그런 건 아니야. 지금 엄마는 혼자 있고 싶어. 그러니까 이리 와. 뽀뽀해 줄 테니까 네 방에 가서 자. 우리 딸, 예쁘지."

말은 이렇게 했지만 마음속에서는 이렇게 외치고 있었다.

'윤주는 네 딸이잖아. 설령 네가 지금 힘든 상황이라 해도 관심

을 기울여야 하는 어린아이라고.'

그럼에도 윤주 엄마는 이러한 죄책감을 딸이 눈치채지 못하도록 노력했다. 딸에게 죄책감을 느끼기는 했지만 자책하지 않았고, 딸을 비난하지도 않았다.

준혁 엄마는 사랑을 잃지 않으면서도 아이를 엄격하게 교육할 수 있다는 것을 보여주었다. 준혁이와 엄마는 밤늦게까지 텔레비에서 상영하는 시리즈물 영화를 보고 있었다.

준혁　엄마, 딱 한 편만 더 봐요.

엄마　기대는 하지 마. 시간이 너무 늦었어.

준혁　그게 마지막 편이라고요. 길지도 않아요.

엄마　안 돼. 다음에 봐.

준혁　(징징거리며 졸라댄다.) 그게 마지막이에요. 엄마가 안 보여주면 앞으로 엄마 말 안 들을 거예요. 심부름도 안 하고 엄마한테 뽀뽀도 안 할 거예요. 내 기분이 어떤지 엄마는 이해도 못 해줘요.

엄마　준혁아, 네가 지금 섭섭해하는 거 알아. 하지만 안 되는 것은 안 돼. 그것을 받아들이는 게 정말 어렵다는 것도 엄마는 알고 있지. 엄마는 다 이해해.

준혁　그걸 꼭 보고 싶어요. 정말 재미있단 말이에요.

> **엄마** 나도 알아. 우리가 좀 더 일찍부터 보았다면 볼 수 있을 텐데. 하지만 지금은 잘 시간이야.

처음부터 준혁 엄마는 단호하게 안 된다고 말했어야 했다. 그런데 기대는 하지 마라고 함으로써 준혁이가 졸라댈 수 있는 빌미를 제공했다. 그 사실을 깨닫는 순간, 엄마는 단호하게 안 된다고 말했고, 준혁이는 실망감을 드러내면서 쉽게 물러서지 않았지만, 결국에는 엄마의 말에 수긍했다.

부모라면 사랑하는 아이가 실망하는 걸 지켜보기 두려운 법이다. 또 아이가 적대감을 갖거나 그 자리에서 서러움에 북받쳐 엉엉 우는 걸 지켜보는 것도 괴로운 일이다. 그렇다고 한 발자국 물러서면 아이에게 올바른 행동을 가르칠 수 없다. 행동에 제약을 받으면 반감을 갖는 게 당연하다. 그걸 극복해야만 아이에게 규칙을 가르칠 수 있다.

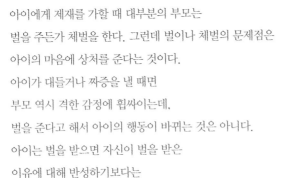

아이에게 제재를 가할 때 대부분의 부모는
벌을 주든가 체벌을 한다. 그런데 벌이나 체벌의 문제점은
아이의 마음에 상처를 준다는 것이다.
아이가 대들거나 짜증을 낼 때면
부모 역시 격한 감정에 휩싸이는데,
벌을 준다고 해서 아이의 행동이 바뀌는 것은 아니다.
아이는 벌을 받으면 자신이 벌을 받은
이유에 대해 반성하기보다는
그 벌에 대해서만 반응할 뿐이다.

3장

벌이나 체벌은 아이의 반항심만 키운다

벌을 주면 아이의 행동이 바뀔 거라는 부모들의 착각

부모가 아무리 엄격하게 교육해도 아이가 규칙을 어길 때가 있다.

이때 대다수 부모들은 아이에게 벌을 준다.

민우는 친구네 집에서 자고 오겠다면서 엄마를 졸랐다.

> **엄마** 평일에 친구네 집에 가서 자면 안 된다는 거 알잖아.
>
> **민우** 알아요, 하지만 오늘만요. 오늘만 가서 자고 올게요.
>
> **엄마** 민우야, 우리 규칙 알고 있지? 이제 그만 하자.
>
> **민우** 엄마 미워!
>
> **엄마** 너 정말 혼나야겠구나. 네 방으로 가. 앞으로 2주일 동안 텔레비전 보는 것 금지다.

민우는 문을 쾅 소리나게 닫고는 벽에 붙여놓은 칠판에 '엄마는 괴물!', '엄마 나빠!'라고 온통 낙서를 했다.

부모가 벌을 줄 때의 문제점은 아이를 몹시 꾸짖어서 마음에 상처를 준다는 것이다. 아이가 대들거나 짜증낼 때 그냥 넘어가는 부모는 없을 것이다. 부모 역시 격한 감정에 휩싸여서 아이에게 벌을 준다. 그러나 벌을 준다고 해서 아이의 행동이 바뀌리라고 기대해서는 안 된다. 아이는 벌을 받으면 자신이 왜 벌을 받는지는 생각하지 않고 그 벌에 대해 반응할 뿐이다.

벌을 받은 아이는 '분노'나 '반항' 가운데 하나를 선택한다

벌이란 잘못하거나 그 행위를 금지시키기 위해 주는 고통이다. 벌을 받으면 아이는 분노하든가 반항한다. 민우 역시 벽에 낙서를 함으로써 엄마에 대한 반발심을 표현했다.

> **엄마**   준호야, 불 꺼. 이제 잘 시간이야.
>
> **준호**   잠깐만요, 이 게임만 끝나면요.

> **엄마** 오늘은 그만 해.
>
> **준호** 다 끝나간다니까요.
>
> **아빠** 이제 그만 해. 충분히 했잖아. 더 이상 조르면 혼낼 거야.
>
> (준호 엄마와 아빠는 그렇게 말하고는 준호 방을 나갔다.)
>
> **준호** 아빠 미워. 아빤 꼭 대장같이 말해. 엄마가 아빠와 이혼하면
>   좋겠어.

충분히 화가 날 만한 상황이지만, 아이에게 "더 이상 조르면 혼낼 거야."라는 말 대신 "네가 게임을 좋아하는 거 알아. 하지만 내일 또 하면 되잖아. 지금은 잘 시간이니까 자자."라고 말했다면 준호가 원하는 것을 인정도 하고 규칙도 지키도록 했을 것이다.

열한 살 수지는 거실에 책과 장난감과 옷 등을 잔뜩 어질러놓았다. 이를 보다 못한 엄마가 잔소리를 했다.

> **엄마** 이것 좀 치워라.
>
> **수지** 이따가 치울게요.
>
> **엄마** 넌 항상 이따가 한다고 하더라.
>
> **수지** 이것만 보고요. 이 프로그램만 끝나면 할 거예요.

그렇지만 수지는 프로그램이 끝나도 여전히 치울 생각을 하지 않았다. 화가 난 엄마가 다시 채근했다.

> **엄마** 프로그램만 끝나면 치운다고 했잖아. 너 이거 당장 안 치우면 벌줄 거야.
>
> **수지** 엄마, 내가 한다니까요. 잠깐만 쉬었다 할게요.
>
> **엄마** 안 돼! 지금 당장 해.
>
> **수지** 싫어요. 아무리 그렇게 말해도 지금은 할 수 없어요.
>
> **엄마** 좋아. 그렇다면 이번 주 용돈은 없다.
>
> **수지** 괜찮아요. 아빠한테 달라고 하죠, 뭐.

엄마는 수지가 말을 듣지 않자 용돈을 주지 않겠다고 협박했다. 그러나 부모의 협박은 아이에게 통하지 않는다. 수지도 아빠한테 달라고 하면 된다고 말함으로써 엄마의 화를 부채질했다. 부모가 벌을 주겠다고 하면 아이들은 즉시 방어적이 된다. 그리고 "괜찮아요…….", "그래서요…….", "엄마 뜻대로는 안 될 걸요."라는 말들로 부모의 화를 더욱 북돋운다.

벌을 많이 받은 아이일수록 책임감이 부족하다

재윤이는 부모가 텔레비전을 못 보게 하거나 게임을 하지 못하게 할 때마다 즉각적으로 반응하는 성격은 아니라, 한참 뒤에 자신의 감정을 표현한다.

그러던 어느 날 아침 재윤이는 말대꾸한다고 엄마 아빠에게 꾸중을 들었다. 저녁이 되었을 때 엄마 아빠가 외출할 일이 있어서 재윤이는 이모와 함께 있게 되었다. 엄마는 재윤이를 붙들고 단단히 주의를 주었다.

> **엄마** 재윤아, 이모 말 잘 듣고 있어. 오늘 저녁엔 우리 재윤이가 착한 아들이면 좋겠다. 이모한테 칭찬을 받으면 엄마는 좋겠어.
>
> **재윤** 알았어요. 잘 다녀오세요.

부모가 외출하자 재윤이는 모든 전기제품의 스위치를 누르고 다녔다. 에어컨, 텔레비전, 전자레인지, 컴퓨터 등 전자제품의 스위치를 죄다 누르고 켜고 나서는 장난감을 거실에 던지기 시작했다. 재윤이는 이처럼 아침에 혼나면 저녁에 반응을 보였다.

아이들은 부모가 벌을 주면 자신의 잘못된 행동을 고칠 생각을 하는 게 아니라, 보복함으로써 해소한다. 결국 더욱 못된 행동을 하게 되는 악순환이 계속되는 것이다. 특히 벌을 많이 받은 아이일수록 의심이 많고 정직하지 않으며 책임감도 부족하다.

부모의 어린 시절로 돌아가 생각해 보자. 잘못해서 벌을 받았을 때 벌의 효과가 얼마나 있었는가? 30분 동안 벽을 보고 서 있었다든가, 자신의 소중한 물건을 빼앗겼다는 등 벌받은 것은 생생하게 기억하고 있지만, 그 벌을 왜 받았는지에 대해서는 기억하지 못하고 있을 것이다.

성호 엄마는 어릴 때 받았던 벌을 아직도 잊지 못한다.

"어릴 때 아버지는 조금만 잘못해도 내 머리를 쥐어박았어요. 그때마다 기분이 상당히 나빴죠. 그런데 지난번에 성호와 함께 친정에 갔는데 아이가 장난을 치는 거예요. 그러자 아버지가 말했죠. '왜 넌 성호 머리를 한 대 쥐어박지 않니?' 그 말을 듣는 순간 소름이 끼치더라고요. 어릴 때 창피했던 감정이 고스란히 되살아나며 화가 났죠. 아버지한테 '어떻게 아이의 머리를 쥐어박으라고 하세요?'라고 말하고 싶었지만 꾹 참았어요. 정말 어릴 때의 그 기억을 떠올리고 싶지 않았거든요."

아이를 때리는 것은 부모에게나 아이에게나 아무런 도움이 되지 않는다. 부모에게 맞은 아이는 아무것도 배우지 못한 채 부모가 화날 때 때린다는 사실만을 기억한다. 때리는 부모 역시 속이 시원할까? 그렇지 않다. 오히려 죄책감만 쌓인다. 그리고 아이는 아이대로 몸과 마음에 상처를 입는다.

만일 부모가 화날 때마다 아이를 때린다면 아이가 화났을 때 동생이나 친구를 때릴 때는 어떤 말로도 훈계할 수 없다.

한편, 아이들 중에는 죄책감에서 벗어나기 위해 벌을 받기를 원하는 경우도 있다. 벌을 받는다는 것은 곧 잘못된 행동에 대한 대가를 치르는 것이므로 또다시 같은 잘못을 저지르게 된다. 잘못을 하고 벌을 받는 식으로 잘못된 행동과 벌받는 것이 악순환되면 잘못된 행동을 반복적으로 저지를 수도 있다.

아이가 잘못했다면 양심의 가책을 받도록 길러야 한다.

열두 살 진수는 아빠가 오랜 시간 공들여 만든 조각품을 깨뜨리고 말았다. 그 사실을 안 아빠는 몹시 화가 났지만 진수가 그 조각품을 원상태로 맞추기 위해 애쓰는 모습을 보고 애써 화를 참았다.

> **아빠** 아! 무척 정성을 들여 만든 건데 깨졌구나.

> **진수** 아빠, 미안해요. 잘못했어요. 내 용돈을 드릴 테니까 다시
> 조각하면 안 될까요?
>
> **아빠** 그래. 그거 좋은 생각이구나.

아빠는 화가 났지만 진수에게 벌을 주지 않았다. 왜냐하면 진수가 잘못을 알고 그 조각품을 맞추기 위해 노력하는 것을 보았기 때문이다. 벌을 준다고 해서 그 조각품이 원래대로 돌아오는 것도 아니고 아이의 행동이 고쳐지는 것도 아니므로 아빠는 진수가 책임질 수 있는 범위 내에서 책임지게 했다.

3초의 법칙!
아이를 혼내거나 벌주기 전에
3초만 참아라

아이에게 벌을 주거나 체벌하는 것은 아이의 행동에 대해 쉽게 처벌을 내리는 것이다. 말로 타이르거나 설득하는 것은 당장의 효과를 볼 수는 없지만 거시적으로 볼 때 벌이나 체벌보다 효과가 크다. 그러므로 아이에게 벌을 주거나 체벌하기 전에 몇 가지 원칙을 꼭 기억하고 있어야 한다.

첫째, 부모는 아이가 자신의 잘못된 점을 고칠 수 있도록 도와줄 만한 능력이 충분히 있다.

둘째, 부모는 아이가 자신이 저지른 행동에 대한 결과를 보여줌으로써 벌을 주는 것을 줄일 수 있다.

셋째, 부모는 아이에게 화가 나거나 실망했다는 것을 표현함으로써 아이 스스로 자신의 행동을 고칠 기회를 줄 수 있다.

아이 스스로 문제 해결 방법을 찾게 한다

태성이가 학원 버스 안에서 장난을 심하게 친다는 말을 전해들은 아빠는 아이 스스로 문제를 해결할 수 있게 했다.

아빠 태성아, 너한테 중요하게 할 말이 있는데.

태성 뭔데요?

아빠 네가 학원 버스에서 장난을 쳐서 운전기사 아저씨가 깜짝 놀라셨다고 하던데. 너 때문에 다른 아이들도 위험할 수 있어서 앞으로 학원 버스를 이용하지 못할 수도 있다고 하셨어.

태성 정말요? 나만 그런 건 아닌데요.

아빠 그렇겠지. 아빠는 우리 아들을 믿거든. 아빠가 사랑한다는 거 알지? 그래서 우리 아들이 그런 일을 당하는 거 싫어. 태성이가 친구들과 사이좋게 지내느라 그랬다는 걸 아빤 알아. 그러니까 이 문제는 네가 해결했으면 좋겠는데. 자, 어떤 방법이 있을까?

태성 음…… 장난치는 친구들과 같이 앉지 않을게요. 최대한 멀리 떨어져서 앉을래요.

아빠 그거 좋은 생각인데.

만일 아빠가 태성이에게 문제를 해결할 수 있는 기회를 주지 않고 혼냈다면 태성이가 능동적으로 자신의 문제를 해결할 여지를 갖지 못했을 것이다.

그러나 아빠는 태성이로 하여금 스스로 문제를 해결할 수 있는 기회를 주었다.

아빠는 태성이에게 화를 낼 수도 있었고, 강압적으로 학원 버스를 타지 말라고 할 수도 있었다. 그렇지만 아들과 대화를 통해 아이 스스로 문제를 해결할 수 있는 기회를 주었다.

부모가 잠깐만 참으면 된다

아이가 잘못하면 부모는 그 즉시 화를 내거나 벌을 줄 때가 많다. 그러나 잠깐만 참으면서 무엇이 문제인지 살펴본 다음 아이가 문제를 스스로 해결할 수 있도록 기다려 주는 것이 가장 좋은 방법이다.

엄마 수연아, 머리 자르러 가자.

수연 싫어요. 오늘은 안 자를래요.

엄마 왜? 머리가 너무 길잖아.

> **수연** 배가 아파서 그래요. 다음에 갈래요.
>
> **엄마** 그런데 엄마랑 오늘 꼭 가기로 약속했잖아. 엄마가 도와줄 일이 있니?
>
> **수연** 그럼 머리만 자를게요. 머리 감는 건 싫어요.
>
> **엄마** 왜? 머리는 어차피 감아야 하잖아.
>
> **수연** 그렇긴 하죠. 그런데 지난번에 미용사 언니가 내 머리를 마구 잡아당겨서 머리가 다 뽑히는 줄 알았거든요.
>
> **엄마** 많이 아팠구나. 또 그럴까 봐 겁나는 거야?
>
> **수연** 네. 오늘은 머리만 자를게요.
>
> **엄마** 알았어. 머리는 집에 와서 감자.

만일 수연이 엄마가 머리를 자르러 가지 않으면 맛있는 걸 안 사주겠다거나 해달라는 걸 안 해주겠다고 말했다면 어떻게 되었을까? 아마 분위기가 험악해졌을 것이다. 하지만 수연이 엄마는 대화를 통해 아이가 머리를 자르기 싫어하는 이유를 알아냈다. 그리고 해결 방법을 제시하여 아이의 머리를 자르게 하는 데 성공했다.

로운이 아빠도 참기 어려운 상황을 잘 참아냄으로써 로운이가 스스로 잘못했다는 것을 깨닫게 했다.

아빠	로운아, 어젯밤 삼촌이 집에 들어가지 못했대. 열쇠가 없어서. 분명히 우리 집에 있을 때는 열쇠가 있었다는데.
로운	네…….
아빠	그런데 오늘 아침 삼촌 집 열쇠를 아빠가 우리 집 우산꽂이에서 발견했는데, 왜 그곳에 있었는지 너는 아니?
로운	아니요. 난 몰라요.
아빠	로운아, 사실대로 말해도 괜찮아. 벌받을까 봐 두려워서 그러니?
로운	그게 아니라…….
아빠	아빠도 무척 화가 나지만 아빤 우리 아들이 사실대로 말하면 좋을 것 같아.
로운	사실은요, 내가 삼촌이랑 놀다가 열쇠를 감추었어요.
아빠	고맙다, 사실을 말해 줘서. 하지만 어젯밤 집에 들어가지 못해서 삼촌은 기분이 썩 좋지 않았을 거야.

로운이는 갑자기 큰소리로 울기 시작했다. 삼촌은 로운이가 가장 좋아하는 사람인데, 자기로 인해 집에 들어가지 못했기 때문이다. 한참 동안 울고 나서 로운이는 삼촌에게 전화를 해서 잘못했다고 사과하고 열쇠를 가지고 가겠다고 말했다.

로운이 아빠는 아이를 혼내기 전에 열쇠를 감춘 이유를 알아내기 위해 삼촌이 처했던 상황을 이야기했다. 또 로운이가 자기는 모른다고 했을 때조차 다그치지 않고 벌받을까 봐 두려워서 그러는 거냐고 물었다. 그러면서도 "네가 그랬지?"라는 등의 말로 로운이를 몰아붙이지 않았다.

부모가 아이를 몰아붙이거나 비난하면 아이는 거짓말을 할 수밖에 없다. 특히 사실대로 말할 경우 몹시 혼나거나 맞을 수도 있다는 위기의식을 갖게 되면 절대로 정직하게 말하지 않는다. 이를 잘 알고 있는 로운이 아빠는 "우리 아들이 사실대로 말하면 좋을 것 같아."라는 말로 아들을 안심시킴으로써 아이 스스로 사실을 말하게 했다.

부모도 사람이므로 화를 낼 만한 상황에서 부드러운 목소리로 차근차근 말하기란 쉽지 않다. 그렇지만 부모가 잠깐만 참으면 아이는 해결 방법을 스스로 찾을 수 있고, 부모도 아이도 행복한 관계가 유지된다는 것을 잊지 말자.

잔소리부터 하지 말고
아이 스스로
결과를 경험하게 하라

벌을 주는 것보다 좋은 해결 방법은 아이가 직접 행동의 결과를 직시하게 하는 것이다.

영서 엄마는 영서를 데리고 세호 집에 놀러갔다. 세호와 영서는 둘 다 일곱 살로 친하게 지내는 사이다. 그날은 함께 밖으로 나갔는데, 세호와 영서는 현관문을 열고 엘리베이터 앞으로 부리나케 달려갔다. 그리고 세호가 얼른 엘리베이터 단추를 눌렀다.

세호	내가 빨리 왔으니까 내가 누른 거야.
세호 엄마	그럼 엘리베이터에 타면 영서가 누르렴.
영서	네.

하지만 엘리베이터를 타자마자 세호가 영서를 밀친 뒤 또다시 엘리베이터 단추를 눌렀다.

> **영서**   아줌마, 내 차례인데 세호가 눌렀어요.
>
> **세호 엄마**   지금은 영서 차례잖아. 너, 왜 엄마 말 안 듣니? 세호 너, 아주 나쁘구나.
>
> **세호**   아니에요. 영서도 같이 눌렀어요.
>
> **세호 엄마**   거짓말까지 하네. 엄마가 다 봤는데, 맞아야겠다!

화가 난 세호 엄마는 영서와 영서 엄마가 보고 있는 데서 세호의 등을 찰싹 때렸다. 그리고 영서 엄마한테 미안하다고 사과했다.

그 뒤로 세호는 엄마를 향해 손으로 총을 쏘는 시늉을 하는가 하면, 영서를 미워한다고 공공연히 말하고 다녔다.

세호가 친구에게 양보를 하지 않자 세호 엄마가 화날 수는 있지만, 세호를 몰아붙인 것은 잘못이다. 엄마의 반응에 세호는 더욱 반항적으로 나왔고, 친구와 친구 엄마 앞에서 모욕감을 느꼈다. 이런 상황에서 아이를 몰아붙인다면 아이는 더욱더 반항적이 될 수밖에 없다.

(다섯 살 동갑 친구인 단비와 수빈이는 엄마들이 주방에서 얘기하는 동안 거실에서 인형 놀이를 하고 있었다. 그런데 한참 잘 놀다가 갑자기 단비가 수빈이를 때렸다.)

단비 엄마　때리면 안 돼. 사이좋게 놀아야지. 한 번만 더 때리면 우리는 집에 갈 거야.

단비　알았어요. 안 때릴게요.

(20분이 지났을 때 단비가 또다시 수빈이를 때렸다.)

단비 엄마　엄마가 말했지? 또 때리면 집에 간다고. 집에 가자.

(단비가 울기 시작했다.)

단비 엄마　너도 집에 가는 거 싫지?

단비　네. 여기서 더 놀고 싶어요.

단비 엄마　엄마도 네 마음을 잘 알지만 오늘은 집에 가야겠다. 다음 주에 오고 싶니?

단비　네.

단비 엄마는 다음 주에 오기로 약속을 한 뒤 수빈이네 집을 나왔다. 오는 내내 단비는 징징거렸지만 엄마는 타이르거나 꾸짖지 않았다. 그리고 "네가 수빈이를 때리지 않았다면 지금도 놀고 있을 거야."라는 말도 하지 않았다. 왜냐하면 아이가 화났을 때는 어떠한 논리적인 말도 알아듣지 못한다는 것을 알고 있기 때문이다.

다만 수빈이를 때리면 집에 간다고 했던 약속을 지킴으로써 단비
가 자기 행동에 대한 결과를 알 수 있게 했다. 집에 도착한 단비
엄마는 이렇게 말했다.

> **엄마** 우리가 왜 집에 일찍 왔을까?
>
> **단비** 내가 수빈이를 때려서요.
>
> **엄마** 맞아. 네가 수빈이를 때려서 일찍 왔어.
>
> **단비** 그래서 난 슬펐어요. 수빈이 엄마가 만들어준 간식은 정말 맛있거든요. 그거 먹으면서 더 놀고 싶었는데.
>
> **엄마** 그럼 다음에는 사이좋게 놀면 되겠다.
>
> **단비** 네.

단비 엄마는 아이에게 화내는 대신 단비의 행동에 대해 이성적
으로 대응했고, 단비는 자신의 행동이 어떤 결과를 가져오는지 알
게 되었다.

단비 엄마는 "한 번만 더 때리면 우리는 집에 갈 거야."라고 말
함으로써 단비에게 또 한 번의 기회를 주었지만, 아이가 약속을
지키지 못하자 단호하게 일어나서 그 약속을 지켰다. 이때 "너 때
문이야."라거나 "다시는 너 안 데리고 다녀."라는 말은 하지 않았

다. 또한 "네가 잘못했으니 벽 보고 서 있어." 하면서 벌을 주지도 않았다. 만일 단비가 그에 합당한 벌을 받았다면 자신의 잘못된 행동에 대해 깊이 깨닫지 못했을 것이다.

아이를 떠보는 질문은 거짓말을 유도한다

부모가 알고 있으면서 모르는 척하고 물으면 아이는 십중팔구 거짓말을 한다. 사실대로 말해서 혼날 바에야 거짓말로 그 위기를 벗어나려고 하는 것이다.

보라 엄마는 담임선생님으로부터 보라가 일주일 내내 숙제를 해오지 않았다는 전화를 받았다. 그날 밤 엄마는 보라에게 학교 숙제를 잘하고 있는지 물었다. 그러자 보라는 "네."라고 대답했다. 사실대로 말하면 엄마한테 혼날 게 뻔하므로 거짓말을 한 것이다. 이런 상황에서는 엄마가 솔직하게 털어놓는 것이 바람직하다.

"오늘 선생님이 전화하셨어. 네가 요즘 숙제를 안 해온다고 하시더구나. 왜 그랬니? 앞으로는 어떻게 할 건지 말해 보렴."

이렇게 문제를 직접 말하면 아이는 거짓말을 하는 대신 앞으로의 계획을 말할 것이다.

좋아하는 물건을 빼앗으면 아이는 박탈감만 느낀다

어떤 부모들은 아이에게 벌을 줄 때 좋아하는 물건을 빼앗거나 용돈을 주지 않는다.

"일주일 동안 게임은 안 돼."

"일주일 동안 친구들과 자전거 타는 것 금지야."

"일주일 동안 핸드폰 절대 안 돼."

그러나 이러한 방법은 아이의 잘못에 대한 적절한 벌이 아니다. 아이들은 자신의 잘못된 행동에 대한 직접적인 결과를 겪어봐야 깨달을 수 있고, 그런 다음 자신의 행동도 바꾸어나간다.

예를 들어 네 살인 은지가 음식을 갖고 장난을 치자 엄마는 그에 대한 벌로 아이가 가장 좋아하는 곰인형을 갖고 놀지 못하게 했다고 치자. 그러면 은지는 곰인형을 빼앗겨 화가 날 뿐, 자신이 음식을 갖고 장난친 것은 잘못되었다는 생각을 하지 못한다. 은지는 여전히 다음 식사 때도 음식을 갖고 장난을 칠 것이다. 이때 부모의 적절한 행동은 은지를 식탁에서 떨어뜨려 놓아 밥을 먹지 못하도록 하는 것이다.

가끔 아이가 스스로 문제를 해결하게끔 교육하는 걸 어려워하는 부모들은 이렇게 말한다.

"아이가 이성을 잃고 화를 낼 때는 어떻게 할 수가 없어요. 때리거나 좋아하는 것을 주지 않음으로써 벌을 줄 수밖에요."

아이가 화났을 때 가장 적절한 대처 방법은 부모가 단호하게 말하는 것이다.

"우리 잠깐만 떨어져 있자. 네가 말할 준비가 되었을 때 엄마한테 와. 그때 이야기하자."

하지만 이 방법이 누구에게나 효과가 있는 것은 아니다. 아이의 화가 가라앉을 때까지 기다려주는 경우가 효과적일 때도 있지만, 어떤 아이는 혼자 두면 더욱더 신경질적이 되기도 한다. 이때는 아이의 화가 가라앉을 때까지 부모가 옆에 있어주어야 한다.

사람들이 많은 데서 아이가 뭔가 사달라고 마구 조르거나 떼를 쓰는 난처한 상황조차 연습을 통해서 바꿀 수 있다.

여섯 살 재혁이는 마트에 가면 장난감을 사달라고 막무가내로 조른다.

재혁 엄마, 나 이거 가질래요.

엄마 안 돼. 제자리에 갖다 놔.

재혁 싫어요. 아주아주 옛날부터 갖고 싶었던 거예요.

엄마 알아. 그래서 네 생일날 엄마가 사줄 거야.

재혁　지금 사주세요. 그땐 안 사줘도 돼요.

엄마　안 된다니까. 갖고 싶어 하는 거 알지만 오늘은 정말 안 돼.

재혁　안 사주면 엄마 때릴 거야. (그러더니 엄마의 엉덩이를 때렸다.)

엄마　누가 엄마를 때리니? 엄마를 때리면 안 돼. 빨리 장난감 제
　　　자리에 갖다 놔. 엄마는 지금 가야 돼.

(재혁 엄마는 얼른 계산대에서 다른 걸 계산했다. 재혁이는 여전히 장난감
을 쥐고 놓지 않았다.)

재혁　이 장난감 가질래요.

엄마　엄마가 계산 안 했어. 얼른 갖다 놓고 와.

재혁　싫어요.

엄마　돈을 내지 않고 가져가는 것은 훔치는 거야. 훔치는 것은 나
　　　쁜 행동이고.

재혁　그럼 엄마가 갖다 놓으세요.

엄마　네가 갖다 놔. 엄마가 갖고 온 것도 아니잖아. 여기서 기다
　　　릴 테니까 얼른 갖다 와.

　　재혁이는 쭈뼛거리더니 이내 장난감을 갖다 놓으려고 달려갔
다. 재혁이가 장난감을 놓고 오자 엄마는 아이의 행동을 칭찬해
주었다.

　　"잘했어. 갖고 싶은 것을 참는 건 힘든 일이라는 거 엄마도 잘

알아. 엄마가 생일날 꼭 사줄게."

그런데 현실에서는 이렇게 이성적으로 대응하기가 쉽지 않다. 아이가 징징거리기 시작하면 엄마도 화가 나서 아이에게 단호하게 대하기 힘들어지기 때문이다. 아이의 징징거림에 엄마도 화가 나서 소리를 지르거나 때리면 상황은 걷잡을 수 없을 만큼 확대된다. 더구나 주위의 따가운 눈초리는 덤으로 따라온다.

재혁 엄마는 아이가 고집을 부리자 "돈을 내지 않고 가져가는 것은 훔치는 거야."라고 말하며 "훔치는 것은 나쁜 행동이고."라고 가르쳤다. 재혁이를 비난하지 않고 잘못된 것을 스스로 고치도록 말한 것이다. 실제로 아이들은 '그것은 나쁜 짓이야.'라거나 '이것은 규칙이야.'라는 말을 잘 받아들인다.

또 재혁이가 장난감을 갖다 놓고 왔을 때 재혁 엄마는 "갖고 싶은 것을 참는 건 힘든 일이라는 거 엄마도 잘 알아."라고 말하며 칭찬했다. 이렇게 함으로써 재혁이는 벌을 받지 않았을 뿐만 아니라 자신이 한 행동에 대해 뿌듯함을 느꼈을 것이고, 다음부터는 사달라고 막무가내로 행동해도 통하지 않는다는 걸 깨닫게 되었다.

문제에 부딪혔을 때 아이를 혼내기보다는 문제를 직시하고 아이의 감정을 이해함으로써 훨씬 더 쉽게 해결할 수 있다. 재혁 엄마도 아이가 고집을 부리자 잘못된 것이 무엇인지 짚어줌으로써 재혁이가 절제할 수 있도록 했다.

어떤 부모들은 아이를 교육할 때 사랑과 선의가 최고의 방법이라고 생각한다. 그러나 사랑과 선의만으로 해결할 수 없는 것들이 많다. 상황에 따른 적절한 기술과 부모의 지혜가 더해졌을 때 아이를 혼내거나 벌을 주지 않고 잘 기를 수 있다.

아이와 언제나 행복하고 평온한 상태라면 좋겠지만,
현실은 그렇지 않아서 하루에도 몇 번씩 아이는 부모 속을
뒤집을 만한 행동을 일삼고, 부모는 아이로 인해 열받아서 화를 낸다.
그런데 감정을 즉시 폭발하면 나중에 후회할 때가 많다.
화가 날 때면 어떤 부모는 욕실에 가서 샤워기를
틀어놓고 울거나, 크게 음악을 틀어놓고 욕을 하거나,
베개를 마구 쳐대거나, 화가 난 심정을 글로 적기도 한다.
밖에 나갔다 옴으로써 감정을 가라앉히고 마음의 여유를 찾는 경우도 있다.

4장

부모의 화,
아이에게
지울 수 없는
상처를 남긴다

아이에게 화를 낼 때
꼭 지켜야 할 원칙

"내가 성격이 급하다는 걸 아이를 갖고 나서야 알게 되었어요. 아이를 낳기 전에는 사랑하는 아이에게 화를 내리라고는 꿈에도 생각 못했죠."

"큰아이가 동생을 때릴 때마다 나 역시 큰아이를 때렸어요. 큰아이도 똑같은 고통을 느끼게 해주고 싶었거든요."

"우리 아이는 다른 아이들보다 느려터졌어요. 등교 시간에 늦는데도 꾸물거릴 때는 정말 미칠 노릇이죠."

"아이가 징징대면 참을 수가 없어요. 아이가 깜짝 놀랄 정도로 마구 흔들어대고 싶어요."

"우리 엄마는 항상 고함을 치며 나를 때렸어요. 그래서 나는 절대로 그렇게 하지 않겠다고 맹세했죠. 그런데 아이가 반항하자 나도 엄마와 똑같이 고함을 치며 때리더라고요."

아이를 키우는 엄마가 이런 말을 하면 이들이 장차 아동학대자들이 될 가능성이 있다고 생각할지도 모르겠다. 하지만 이 말들은 아이를 사랑하며 책임감 있게 기르고 있는 엄마들의 입에서 나왔다. 실제로 아이를 갖기 전에는 이들도 아이에게 이런 식으로 대하리라고는 꿈에도 생각하지 못했을 것이다. 그리고 이 세상 무엇보다 자신의 아이가 가장 소중하고 귀할 것이다. 그런데도 아이와 막상 부딪히면 폭발적으로 화를 내거나 노여워한다.

아이에게 화를 낼 수는 있지만, 마음에 상처를 남겨서는 안 된다

부모는 아이가 왜 화나게 하는지 속시원하게 털어놓지 않는다. 또 참지 못하고 아이에게 화를 낸 자신에게도 잘못이 있다고 여기며 죄책감을 갖기도 한다. 그러나 아무리 사랑한다 해도 아이에게 화를 내는 것은 어쩔 수 없는 일이다.

아이가 미운 짓만 골라서 하면 부모 역시 아이에게 고통을 주거나 창피를 주거나 벌을 주고 싶어 한다. 그만큼 아이를 키우다 보면 두손 두발 다 들 때가 종종 있다. 그러나 생각해 보자. 부모가 아이에게 벌을 주는 것은 고통을 주고 싶어서가 아니라, 잘못된 행동을 다시는 하지 않도록 가르치기 위해서다.

"아침에 일어날 때는 정말 평온해요. 하지만 아이들이 일어나고 나서는 내 자신도 통제할 수 없을 만큼 화를 낼 때가 많죠. 화를 내는 게 좋은 방법이 아니라는 걸 알지만, 화내는 것 말고는 다른 방법을 찾을 수가 없어요."

아이가 부모의 화를 치솟게 할 때 부모와 아이 둘 다 상처를 받지 않는 방법은 무엇일까? 사실 화가 났을 때 이성적으로 행동하기는 어렵다. 화가 났다는 것을 아이에게 알리되 최대한 아이의 마음에 상처를 주지 않아야 한다. 그러기 위해서는 다음 세 가지 원칙을 지켜야 한다.

첫 번째, 아이를 공격하는 대신 부모 자신이 얼마나 화가 났는지 솔직하게 말한다.

"엄마가 지금 너 때문에 화가 났어."

부모가 아이에게 원하는 것을 덧붙일 수도 있다.

"학교에서 오면 책가방을 제대로 놓아야 하잖아. 옷도 제대로 걸어야 하고."

이때 강하고 간결한 어조로 말하는 것이 중요하다. "넌 왜 이렇게 칠칠치 못하니?" 등의 인신 공격에 가까운 말은 하지 말아야 한다. 또 아이의 잘못을 지적하는 것보다는 부모가 어떻게 느끼는지를 말하는 것이 좋다.

두 번째, 화가 머리끝까지 치밀어올랐다면 일단은 그 상황을 피하는 방법도 있다. 그럼으로써 냉정을 되찾을 수 있고 시간을 가지면서 아이에게 어떤 식으로 말해야 하는지도 생각할 수 있다. 시간이 지나면 화는 가라앉게 마련이다.

세 번째, 화가 몹시 났을 때조차 이성을 잃지 않도록 노력한다. 아무리 화가 많이 나더라도 아이는 여전히 사랑하는 존재가 확실하고, 부모의 화는 영원히 지속되지 않는다는 걸 잊지 말자. 아이에게 실컷 상처 주는 말을 한 다음 뒤늦게 후회해 봐야 아무 소용 없다. 나중에 후회하지 않도록 아이에게 지나친 행동은 하지 말아야 한다.

소모적인 화를
건설적으로 바꾸는 방법

> **아빠** 지수야, 네 방 꼴이 이게 뭐니? 돼지우리도 이보다는 깨끗하
> 겠다. 학년이 올라가면 정리를 잘할 줄 알았는데……. 왜 옷
> 을 걸어두지 않니? 이제 옷을 제대로 걸어두지 않으면 더
> 이상 옷을 안 사줄 거야.
>
> **지수** 아빠, 희수 방도 그래요. 그런데 왜 희수는 야단치지 않고
> 나만 혼내세요.

지수가 공평하지 않다고 대들자 아빠는 앞으로 절대 옷을 안 사
주겠다고 말하며 문을 꽝 소리나게 닫고는 방을 나갔다.

지수 아빠가 화를 낸 것은 이해할 수 있지만, 화를 낸다고 해서
아이의 행동이 바뀌지는 않을 것이다. 또 아빠는 "돼지우리도 이

보다는 깨끗하겠다."라는 말로 아이에게 모욕을 주었으며, 옷을 제대로 걸어두지 않으면 더 이상 옷을 안 사줄 거라고 위협했다.

지수 역시 아빠의 꾸중에 수긍하지 않고 동생은 왜 나무라지 않느냐며 반박하고 나섰다. 아빠도 아이도 기분이 좋지 않은 채 헤어졌고, 아이는 어떤 가르침도 배우지 못했다.

이때 아빠가 다른 방법으로 지수에게 말했다면 어땠을까?

"지수야, 네 방을 보니 정말 정신이 하나도 없구나. 이게 신경쓰여서 다른 일이 손에 안 잡힐 지경이야."

만일 이렇게 말했다면 지수가 방을 치우지 않았을지는 몰라도, 반발심으로 동생 방 얘기는 꺼내지 않았을 것이다. 그랬다면 두 사람이 서로 감정이 상할 이유도 없다.

소모적인 화를 건설적으로 바꾸려면 화법부터 바꾸어야 한다. '너'라는 말로 시작하면 인신 공격성 발언을 하기 쉬우므로 '너' 대신 '나'라는 말을 사용하는 것이 바람직하다. 아이에게 고통을 줄수록 반발하기만 할 뿐 문제를 해결하는 데는 아무런 도움이 되지 않는다는 것을 기억하라.

화가 났을 때는 말을 짧게 하는 게 좋다. 간결한 말일수록 권위 있게 들린다. 부모가 길게 말하면 아이는 조금 듣다가 또 잔소리 한다고 생각해서 더 이상 귀담아듣지 않는다. 그러나 부모가 감정을 실어서 짧게 말하면 아이도 귀를 기울인다.

네 살인 도현이는 엄마와 마트에 갔을 때 초콜릿을 사달라고 징징거리며 졸랐다.

> **도현** (큰 소리로) 엄마, 나 이거 사줘.
>
> **엄마** 안 돼.
>
> **도현** 이거 안 사주면 엄만 바보!
>
> **엄마** 그런 말 하면 엄마가 화낸다.
>
> **도현** 그래도 엄만 멍청이!
>
> **엄마** 네가 화났다는 걸 알지만 그런 말 하면 안 돼. 난 이제 네 말 안 들을 거야.
>
> **도현** 나도 엄마랑 말하지 않을래요.
>
> **엄마** 그러렴. 엄마도 네가 화났다는 걸 알지만 아마 조금 있으면 다시 말하고 싶어질 걸.

도현 엄마는 계산대에서 계산을 하고 차에 탈 동안 아무 말도 하지 않았다. 도현이는 뒤를 졸졸 쫓아오며 불평을 했다. 잠시 후 차를 타고 오는데 도현이가 말을 꺼냈다.

"엄마, 잘못했어요. 다음부터는 엄마한테 미운 말 안 할게요. 엄마, 아직도 화났어요?"

도현 엄마는 화가 풀리지는 않았지만 감정을 절제했다. 그리고 아이가 "엄만 바보!"라는 말에 "그런 말 하면 엄마가 화낸다."라는 말로 자신의 감정을 나타냈다. 도현이가 계속 멍청이라고 말했을 때는 '너 왜 그렇게 말을 하니? 너 어디서 그런 말 배웠어?' 하면서 마구 혼내고 싶었지만, 간신히 참으며 "네가 화났다는 걸 알지만 그런 말 하면 안 돼."라는 말로 아이의 감정을 인정했다.

만일 도현 엄마가 화가 난 것을 표현하지 않았거나 마구 화를 내서 야단을 쳤다면 도현이가 잘못했다고 하지도 않았을 것이고, 더욱 징징거렸을 것이다. 아이가 엄마에게 아직도 화가 났는지 묻는다는 것은 그만큼 부모의 감정에 민감하다는 뜻이기도 하다.

화났을 때는 솔직하게 말해야
아이가 혼란스럽지 않다

다섯 살인 은우는 화가 나거나 좌절하면 때리거나 걷어차는 버릇이 있다. 은우 엄마는 그때마다 아이에게 말로 하라고 단호하게 말했다. 어느 날 자기 뜻대로 되지 않자 은우는 마구 발길질을 해댔다. 그 모습을 지켜보던 엄마는 은우의 어깨를 꽉 잡고 지금 느끼는 감정을 말로 표현하라고 단호하게 말했다. 그러자 은우는 발길질을 멈추고 자신의 감정을 말로 하기 시작했다.

화날 때마다 때리거나 발길질하던 버릇이 차츰 줄어들 무렵, 또 다시 은우의 버릇이 튀어나왔다.

> **은우** 엄마, 조금만 더 놀다 가요.
>
> **엄마** 안 돼. 지금 가야 돼.
>
> (은우가 엄마를 발로 차기 시작했다.)
>
> **엄마** 차지 말고 말로 하랬지!
>
> **은우** 엄마는 똥이야. 엄마 미워!

엄마는 은우를 질질 끌고 집으로 왔다. 그리고 은우의 입을 비누로 싹싹 씻겼다. 엄마는 화가 머리끝까지 나 은우에게 수치심을 주었다. 아들의 반항에 공격적으로 대응한 것이다. 평소 화나면 말로 표현하라고 아들을 교육했지만, 정작 엄마 자신은 화났을 때 말로 하지 않고 거친 행동을 보여줌으로써 은우는 엄마에 대한 믿음이 깨졌다.

아이를 혼내거나 아이의 요구를 들어주지 않으면 아이는 금세 "엄마, 미워."라거나 "엄마는 날 좋아하지 않아."와 같은 말을 한다. 사실 부모인 우리 자신도 아이에게 화가 나면 원수처럼 느껴질 때도 있다.

이를테면 아이가 "엄마는 날 좋아하지 않아."라고 말할 때 속으로는 화가 나지만 "아니야, 난 널 사랑해."라고 말했다고 하자. 그렇다면 아이는 어떻게 생각할까? 엄마의 말 속에 이미 화가 난 것이 고스란히 묻어 있는데, 엄마가 그렇지 않다고 말하면 아이는 혼란스러워질 수밖에 없다. 자신의 직감과 부모의 말 중에 어느 것을 믿어야 할지 모르기 때문이다.

따라서 부모 자신의 감정을 솔직하게 말할 필요가 있다. 아이가 "엄마는 날 좋아하지 않아."라고 말하면 구체적으로 엄마의 마음 상태를 말해 주면 된다. "그래. 지금은 엄마가 말할 기분이 아니야……. 네가 장난감을 치우지 않아서……. 네가 발로 걷어차서……. 방을 엉망으로 만들어놔서……." 등 솔직히 느끼는 감정을 그대로 말해 주는 것이다. 그런 다음 화가 가라앉으면 아이에게 사랑한다고 말해 준다.

잠깐 자리를 피해
화를 가라앉히면
모두 다 해피엔딩!

엄마 유선아, 강아지한테 밥 좀 줄래?

유선 엄마, 난 엄마 심부름꾼이 아니에요.

엄마 내가 말을 말아야지.

(엄마는 음식물 쓰레기를 버리러 밖으로 나갔다가 화가 가라앉은 뒤 돌아왔다.)

엄마 좋아. 강아지 밥 주는 것 대신 네가 하고 싶은 집안일을 말해 봐.

유선 없는데요.

엄마 그럼 지금부터 생각해 봐야겠다.

유선 아뇨. 강아지한테 밥 줄게요. 그럼 최소한 강아지가 나를 좋아할 테니까요.

화가 날 때 그 상황을 잠시 피하는 것은 현명한 방법이다. 감정을 즉시 폭발하면 나중에 후회할 때가 많다. 화가 날 때면 어떤 부모는 욕실에 가서 샤워기를 틀어놓고 울거나, 크게 음악을 틀어놓고 욕을 하거나, 베개를 마구 쳐대거나, 화가 난 심정을 글로 적기도 한다. 유선 엄마는 밖에 나갔다 옴으로써 화가 난 감정을 가라앉히고 마음의 여유를 찾을 수 있었다.

아이에게 화내기 전에 잠시 숨고를 시간이 필요하다

어린이집에 가기 전에 한얼이는 슈퍼맨 망토로 갈아입었다. 한얼이와 엄마는 특수한 옷을 입고 어린이집에 등원할 수 없다는 걸 알고 있었다.

엄마 그 옷을 입고 어린이집에 가면 안 돼.

한얼 아니에요.

엄마 어린이집 안에서는 슈퍼맨 차림을 하면 안 된다고 선생님이 말씀하셨잖아.

한얼 그럼 어린이집에 안 갈래요.

엄마	정말? 그럼 가지 마.
한얼	(웃으며) 오늘 다른 거 할래요.
엄마	(화가 나서) 아니. 어린이집에 안 갈 거면 하루 종일 네 방에만 있어. 텔레비전도 못 보고 게임도 못해. 밖에도 나가지 마. (그렇게 말한 뒤 잠깐 베란다로 나갔다가 마음이 진정된 다음 돌아왔다.) 좋아. 우리 아들이 슈퍼맨이 되고 싶은가 보구나.
한얼	네.
엄마	그 옷 입으면 슈퍼맨이 된 것 같지? 힘도 세지고 마구 날 수도 있을 것 같고.
한얼	네. 정말 그래요.
엄마	자, 그럼 그건 싸갖고 가고 지금은 이 옷을 입고 가자.
한얼	네. 그럴게요.

엄마는 한얼이에게 슈퍼맨 망토를 어린이집에 싸갖고 가도록 하고 대신 재킷을 입혀서 보냈다. 만일 화가 머리 끝까지 났을 때 베란다로 피신하지 않았다면 이런 방법을 생각해 내지 못했을 것이다. 일단 어린이집에 가면 어린이집 선생님이 슈퍼맨 옷 문제는 능숙하게 해결해 줄 터였다.

이처럼 몇 분 동안만이라도 그 상황에서 벗어나면 좀 더 이성적으로 생각할 수 있고 문제를 쉽게 해결할 수 있다.

공공장소에서 아이가 떼를 부릴 때

어떤 상황에 다다르면 부모는 아이를 더 이상 통제할 수 없다는 것을 자각하게 된다. 그러면서 화가 머리 끝까지 치솟는다. 그러나 아이는 통제의 대상이 아니다. 그런데도 대부분의 부모는 아이를 통제해야 한다고 착각하며 살고 있다.

아이가 부모의 뜻대로 행동하지 않을 때는 "그렇게 행동해서는 안 돼."라고 말할 것이다. 그런데도 아이의 행동이 고쳐지지 않고 나쁜 행동이 계속된다면 스스로를 '무능한 엄마', '나쁜 엄마', '부적절한 엄마'라고 자책한다. 아이의 행동은 좋은 엄마냐 나쁜 엄마냐를 가늠하는 바로미터가 되고, 결국 아이가 부모의 뜻을 따르지 않으면 이성을 잃고 분노를 표출한다.

공공장소에서 아이로 인해 화가 머리 끝까지 치밀어오를 때는 어떻게 해야 할까? 공공장소에서는 아이 혼자 두고 부모가 잠깐 마음을 가라앉히는 시간을 가질 수도 없다. 그때 기억해야 할 것은 그곳에 있는 사람들은 모두 모르는 사람이고, 이후에도 더 이상 볼 사람들이 아니라는 사실이다. 그러므로 다른 사람들의 시선은 배제시키고 아이와 부모를 위해 가장 좋은 방법은 무엇인지 생각해 본다.

부모 자신인 우리도
과거에 부모님께 그렇게 잘하지 못했다

일요일 아침, 서윤 아빠는 가족들을 위해 아침식사를 준비했다. 그런데 서윤이는 불만 가득한 표정으로 말했다.

> **서윤** 또 된장찌개예요? 왜 우리는 날마다 된장찌개를 먹어요?
>
> **아빠** 무슨 소리야? 일주일 동안 한 번도 먹지 않았는데.
>
> (서윤이는 뚱한 표정을 지으며 숟가락을 들었다. 그 모습을 본 아빠는 화가 나서 밥을 치워버렸다.)
>
> **아빠** 안 먹어도 돼. 다시는 아침을 해주나 봐라.
>
> **서윤** 뭐, 그러셔도 상관없어요.
>
> **아빠** 너는 아빠가 요리한 음식을 먹을 자격이 없어.

가족들을 위해 요리를 했는데 누군가 반찬 투정을 하면 화가 나는 건 당연하다. 그렇지만 서윤 아빠는 "안 먹어도 돼. 다시는 아침을 해주나 봐라."라는 협박에 가까운 말을 했고, 아이 또한 물러서지 않고 "뭐, 그러셔도 상관없어요."라는 말로 대꾸함으로써 두 사람 사이의 분위기가 험악해졌다. 아빠가 잠깐 동안 자리를 비워서 냉정을 되찾고 아이와 대화를 시작했다면 이렇게까지 상황이 악화되지는 않았을 것이다.

아빠는 서윤이에게 먹고 싶은 게 있으면 미리 알려 달라는 말을 할 수도 있었고, 된장찌개 대신 콘프레이크를 먹든가 식빵에 잼을 발라 먹으라고 제안할 수도 있었다.

그랬다면 서윤이가 가족들을 위해 아침식사를 준비한 아빠의 마음을 당장에는 고맙게 여기지 못할 수도 있지만, 차차 부모의 마음을 깨닫는 날이 올 것이다. 이럴 때는 부모 당사자인 우리들조차 과거 부모님들께 그렇게 감사하는 마음을 갖지도, 표현하지도 않았다는 것을 기억하며 냉정을 되찾도록 하자.

아이가 잘못을 인정할 때는
마음의 빗장을 활짝 열어라

부모는 때로 아이가 '부모한테 뭔가 얻어내기 위해서 부모를 조종하려고 한다.'는 생각 때문에 화가 날 때가 있다.

민호 엄마는 세 살 민호가 엄마를 화나게 하려고 포크를 거실 바닥에 계속 떨어뜨린다고 생각했다. 아이가 나한테 왜 이럴까 하는 생각에 사로잡혀 이미 목소리가 곱게 나오지 않았다.

"민호야, 포크는 아래로 떨어뜨리는 게 아냐. 음식을 먹을 때 사용하는 거지."

말은 그렇게 하면서도 아이가 일부러 엄마의 화를 돋우는 것 같아서 화가 치밀었다. 아장아장 걸어다니는 아이에게는 뭔가를 집었다가 놓는 것이 재미있는 일이라는 걸 민호 엄마는 미처 몰랐던 것이다.

유머, 부모와 아이 사이를 부드럽게 만드는 윤활유

아무리 의도가 좋아도 감정을 억제하기 힘든 상황에 부딪히면 결국 화를 낼 수밖에 없다. 이때 알아두어야 할 점은 부모가 아이에게 몹시 화를 냈다 해도 사과를 하거나 유머를 함으로써 아이와의 관계가 금세 회복될 수 있다는 사실이다.

밖에서 녹초가 되어 집으로 돌아온 우현 엄마는 몸은 힘들었지만 여섯 살 우현이를 위해 스파게티를 만들었다. 그런데 우현이가 식탁 의자를 빙그르르 돌리다가 그만 스파게티 접시를 바닥에 떨어뜨리고 말았다. 바닥은 온통 깨진 접시와 스파게티로 엉망이 되었다.

> **엄마**   어휴! 조심 좀 해라.
>
> **우현**   엄마, 미안해요. 하지만 엄마도 지난번에 주스 병을 떨어뜨렸잖아요.
>
> **엄마**   (깨진 접시 조각을 조심스럽게 치우며) 좀 조용하게 밥을 먹을 수 없을까? 너 때문에 정신이 없어서 제대로 밥도 못 먹겠다. 엄마가 먹으라고 할 때까지 넌 먹지 마.

(우현이는 뚱한 표정을 짓더니 자기 방으로 갔다. 한 시간이 지나서야 엄마는 우현이 방으로 갔다.)

엄마 아까 엄마가 화가 난 것은 접시가 깨졌기 때문이야. 네가 일부러 그런 것도 아닌데 너한테 화를 내서 엄마 스스로에게 더 화가 났지.

우현 그런데 엄마는 왜 나한테 벌을 줬어요?

엄마 그건 네가 내 아들이기 때문이지. 엄마가 너 아니면 누구한테 벌을 주겠니?

엄마의 말에 우현이는 피식 웃었다.

우현이가 음식을 엎지른 것은 녹초가 된 엄마를 몹시 화나게 하는 일이었다. 깨진 접시를 치우고 떨어진 음식을 치우느라 엄마는 힘들고 몹시 지친 상태였다. 우현 엄마는 이를 감추지 않고 아이에게 말했고, 우현이도 엄마가 화를 낼 만한 상황이었다는 것을 이해했다.

또 우현 엄마는 "네가 내 아들이기 때문이지."라는 말로 친근함을 표시하여 아이의 마음을 스르르 풀어지게 했고, 자칫 자신에게 화가 난 것을 자책할 뻔한 상황으로 빠지지 않았다.

이처럼 부모와 아이가 험악한 관계로 치달을지라도 곧 회

복될 수 있다. 아이들은 부모의 감정이 풀어지면 금세 잊어

버린다. 부모와 긴장 관계가 지속된다는 것은 그다지 좋은

일이 아니라는 걸 잘 알기 때문이다.

그래도 부모가 어른이라는 사실을 잊지 말자

아이의 잘못으로 화가 난 부모가 아이에게 감정을 폭발하고 나서 아이가 용서를 구한다면 무조건 용서를 받아들이고 관계를 회복해야 한다. 아무리 부모가 화가 풀리지 않은 상태라고 해도 말이다. 부모가 어른이라는 사실을 잊지 말자.

> **엄마** 혜지야, 목욕하자.
>
> **혜지** 싫어요.
>
> **엄마** 알았어. 목욕을 하든지 그냥 자든지 네 맘대로 해.
>
> (혜지는 엄마의 말에 꼼짝도 하지 않은 채 서 있다.)
>
> **엄마** (큰 소리로) 얼른 가서 자.
>
> (혜지는 엄마가 소리를 지르자 자기 방으로 훌쩍이며 들어갔고, 엄마는 문을 꽝 소리가 나게 닫았다. 잠시 후 혜지가 방에서 나왔다.)
>
> **혜지** 엄마, 목욕하고 잘게요.
>
> **엄마** 됐어. 오늘은 그냥 자. 고집쟁이 같으니라고.

혜지 엄마는 혜지가 말을 듣지 않자 화가 났다. 한편 혜지는 목욕하기 싫었지만 엄마가 화를 내자 마음을 바꾸고 목욕하겠다고 말했다. 이처럼 아이가 용서를 구할 때는 어른인 부모가 무조건 받아들여야 한다. 부모의 감정이 상했다 해도 아이와 좋은 관계를 유지할 수 있다면 기꺼이 자신의 감정을 추스를 줄 알아야 하는 것이다.

사실 아이에 대한 부모의 화는 고통스러운 문제 가운데 하나다. 부모가 되기 전에는 상상도 할 수 없었던 방법으로 아이는 부모를 화나게 한다. 그렇지만 끊임없는 경험과 노력을 통해 화를 가라앉힐 수 있다는 것을 기억하자. 그리고 그 이후에는 가정에 평화가 찾아온다는 것도.

부모는 아이의 옷차림이나 생활습관을 지적하기 쉽다.

그런데 이러한 지적은 청소년기 아이에게 치명적이다.

사랑하는 사람으로부터 지적이나 비난을 받으면

부정적인 자아상을 형성할 수 있다.

더구나 지적이나 비판을 받은 아이는 소극적으로 변해서,

아무것도 안 하는 것이 지적이나 비판을 받지 않는 길이라고 생각한다.

5장

아이의
자존감을
세워주는 대화법

부모의 지적이나 비난이
아이의 행동을 바꿀 수 없다

> **엄마** 대체 엄마가 몇 번이나 말했니? 제발 물건 좀 잃어버리지
> 말라고! 넌 왜 그렇게 건망증이 심하니? 어제는 수저통도 안
> 가져왔잖아. 수요일에는 안경을 안 가져오고. 버스카드를
> 잃어버리지를 않나, 숙제가 있다는 걸 잊어버리지를 않나.
> 정말 너를 어떻게 하면 좋겠니?
>
> **호현** 맞아요. 엄마 말처럼 난 만날 잃어버리기만 하는 애예요.

대다수 부모는 아이의 잘못을 지적하면 아이가 나아질 거라고
생각한다. 그러나 부모의 지적은 오히려 아이로 하여금 그 행동을
더 하도록 부추기는 결과를 낳는다. 그런데도 불구하고 아이는 부
모로부터 지나치게 많은 지적을 받으며 자란다. 칭찬을 받아도 부

족할 판에 지적을 받으며 어린 시절의 대부분을 보내는 것이다.

아이는 부모에게 혼나면 자신을 구제불능이라고 생각한다. 행동을 바꾸겠다는 의지는커녕 자존감에 상처를 입고, 방어적이 되거나, 반항하거나, 부모에 대한 적개심을 품는다. 이처럼 부모의 지적이나 비난은 아이의 행동에 어떠한 변화도 주지 못한다.

대다수 부모들은 이렇게 말할 것이다.

"아이의 잘못을 지적하지 않으면 어떻게 아이가 변하겠어요? 잘못된 행동이나 나쁜 습관은 지적해서 고쳐줘야 하지 않나요?"

아이의 행동을 고치는 방법은 지적이나 비판이 아니더라도 얼마든지 있다. 먼저 비판이 아이에게 미치는 영향을 알아보자.

흔히 '건설적인 비판'이라는 말들을 많이 한다. 아이를 가르치기 위해 건설적인 비판을 한다는 것이다. 그런데 건설적인 비판이란 없다. 비판이란 남을 판단하고 평가하고 비난하는 것인데, 여기에 '건설적'이라는 긍정적인 말과는 어울리지 않는다.

만일 아이를 가르치기 위해 비판한다면 아이는 비판에만 사로잡혀 반감을 가질 것이다. 비판을 통해 아이에게 책임감이나 능력을 길러줄 수는 없다. 새로운 것을 할 수 있는 동기부여도 줄 수 없다. 가끔 아이의 잘못된 점을 비판하는 것이 옳다고 생각할 때조차 비판을 통해 고쳐지지 않는다는 것을 수없이 봐왔다.

- 비판은 아이를 스스로 패배자라고 생각하게 만든다.
- 비판은 아이를 반항아로 만들거나 방어적이 되도록 한다.
- 비판은 도전정신을 갖지 못하게 한다.

부모가 아이의 잘못을 지적할수록
아이는 분노하거나 반항한다

준이 아빠는 어릴 때 학교에서 돌아오면 부모님이 장사를 하는 곳에 가서 도와야 했다. 그래서 운동할 기회가 없었던 그는 성인이 되어 테니스 마니아가 되었다. 가끔 아들 준이와 테니스를 치러 나갔는데, 그때마다 아이에게 잔소리를 했다.

"공 좀 제대로 보고 쳐."

"너 혹시 딴생각하는 거 아니니?"

"그렇게 쉬운 공도 못 치다니. 어쩌려고 그러니?"

"공에 집중해서 치라고!"

아빠는 준이가 치는 공 하나하나에 대해 지적했다. 준이가 무사히 공을 넘겼을 때는 자신이 성공한 것처럼 기뻐했고, 실패했을 때는 가차없이 지적했다. 그렇게 함으로써 준이의 실력이 늘 거라고 생각한 것이다. 그런데 준이는 아빠에게 지적을 받을 때마다 이렇게 중얼거렸다.

"난 테니스에 소질이 없나봐. 아빠를 기쁘게 해드리지 못할 거야. 물론 대회에 나가는 것은 꿈도 꾸지 말아야지."

얼마 후 준이는 테니스 치는 것을 그만두었다. 준이는 아빠에게 끊임없는 지적을 받자 자신은 실패자라고 생각해서 낙담했다.

부모가 지적할수록 아이는 반항하거나 분노한다. 부모의 지적은 부모와 자녀의 관계를 악화시킬 뿐이다. 우리 자신도 어릴 때 부모님으로부터 지적을 받으며 자랐다. 그때의 감정을 되돌아보면 아마 쉽게 이해할 수 있을 것이다.

한 아버지는 어릴 때의 잔소리에 대한 기억을 고스란히 간직하고 있었다.

"아버지는 끊임없이 잔소리를 했어요. 아주 사소한 일도 그냥 넘어가는 법이 없었지요. '머리 모양이 그게 뭐니?', '셔츠 좀 똑바로 입지 못하니?', '넌 왜 어깨를 늘어뜨리고 다니니?' 등 수도 없이 많았어요. 그때마다 자존심이 상해서 아버지의 말에 더욱 귀를 기울이지 않았어요. 지금 내 나이 마흔인데, 만일 낭떠러지에서 떨어지려는 찰나 아버지가 나뭇가지라도 붙잡으라고 말한다면 붙잡지 않고 그냥 떨어져 죽을 거예요."

아이의 자존감에
상처를 주는 부모의 말

엄마 수현아, 연극 때 외워야 할 대사는 외웠니?

수현 네. 엄마가 들어봐 주세요.

엄마 좋아, 한번 해봐.

(수현이는 처음에는 잘하다가 중간쯤 되자 조금씩 더듬거리기 시작했다.

엄마는 대본을 들고 하나하나 고쳐주기 시작했다.)

엄마 잠깐만! 빨리 하려고 하지 말고 또박또박 해. 이 대사는 정
말 쉽잖아.

수현 알았어요.

(하지만 수현이는 여전히 더듬거렸다.)

엄마 자자, 그러니까 처음부터 계획을 세우고 외웠어야지. 찬찬
히 외웠다면 지금처럼 더듬거리진 않을 거 아냐?

수현 알아서 한다니까요!

> **엄마**   이 연극 언제 공연하지? 다음 주라고 했니? 그때까지 너 다 외울 수 있겠어? 영주는 이미 다 외웠다고 하던데.
>
> **수현**   엄마, 제발 방에서 나가주세요. 엄마 도움 없이도 잘할 수 있어요.

"이 대사는 정말 쉽잖아."라는 엄마의 말은 수현이가 그렇게 쉬운 것도 외우지 못한다는 느낌을 갖게 한다. 숙제를 하거나 피아노를 치거나 운동을 할 때 부모가 아이에게 "그거 정말 쉬운 건데."라고 말하면 아이는 힘이 쭉 빠진다.

따라서 아이가 계속 그 일을 열심히 하기를 바란다면 아무리 쉬운 일처럼 보여도 "정말 어렵지? 하지만 넌 해낼 수 있어."라는 말로 응원과 격려를 해야 한다.

엄마의 지적은 수현이에게 반항심만 일으켰다. "그러니까 처음부터 계획을 세우고 외웠어야지. 찬찬히 외웠다면 지금처럼 더듬거리진 않을 거 아냐?"라는 엄마의 지적에 수현이는 기분이 완전히 나빠진 상태였다. 더군다나 영주는 다 외웠다는 말에 화가 나서 엄마에게 나가 달라고 말했다. 엄마는 수현이가 자극을 받았으면 하는 마음에서 한 말이지만, 아이는 엄마의 말에 기분이 나빠졌고, 열심히 해야겠다는 생각도 들지 않았을 것이다.

청소년 시기에 외모에 대한 지적은 치명적이다

호영이는 움직이는 걸 싫어한다. 이를 걱정하는 엄마는 아이에게 움직이라고 잔소리하면 좀 나아질 거라고 생각했다.

엄마 호영아, 같이 운동 가지 않을래?

호영 싫어요.

엄마 왜? 텔레비전 때문에? 아니, 너 아직도 잠옷 차림이네.

호영 나중에 갈아입을게요.

엄마 넌 만날 나중에라는 말만 하는구나. 밖에 나가자. 날씨가 화창해서 걷기에 좋을 것 같아.

호영 엄마, 나 좀 내버려두세요.

엄마 어떻게 내버려두니? 엄마가 이렇게라도 하지 않으면 하루 종일 그 차림으로 텔레비전만 볼 거잖아. 운동은 전혀 하지 않고 말이야. 너 그러다 계속 살만 찌겠다.

호영 (씩씩거리며) 아니라고요. 나도 운동할 거예요.

부모의 지적은 청소년기 아이에게 치명적이다. 신체적인 변화

가 가장 왕성하게 일어나는 시기여서 아이는 외모에 대한 지적에 특히 더 민감하다. 뚱뚱하다거나 머리 모양이 이상하다거나 옷차림이 그게 뭐냐고 하는 지적은 더 이상 부모 말을 듣고 싶지 않다는 반항심을 키운다.

특히 사랑하는 사람으로부터 비난을 받으면 부정적인 자아상을 만든다. 지적이나 비판을 받은 아이는 소극적으로 변해서, 아무것도 안 하는 것이 그런 비판을 받지 않는 길이라 생각한다.

부모의 비난	아이의 해석
"아주 쉬운데 왜 그래? 좀 더 주의 깊게 읽으면 다 알 수 있는 거야."	'난 정말 구제불능인가 봐. 아무리 해도 이해할 수가 없어.'
"제발 포기하지 마. 조금만 노력하면 더 잘할 수 있을 텐데 왜 포기부터 하니?"	'난 아무리 해도 잘할 수가 없어. 그런데 왜 노력해야 하지?'

예슬이의 경우를 살펴보자. 예슬이는 설레는 마음으로 생일파티를 준비하고 있었다.

> **예슬** 아빠, 매직 좀 빌려주세요. 생일파티 때 쓸 이름표를 만들려

> 고 해요.
>
> **아빠** 사인펜으로 하면 어떨까? 종이가 작아서 매직으로 쓰면 글씨가 뭉개질 거야.
>
> **예슬** 난 매직으로 쓰고 싶어요.
>
> **아빠** 매직으로 쓰면 글씨가 아주 두껍게 써질 텐데.
>
> **예슬** 아니에요.
>
> **아빠** 그럼 다른 종이에 연습삼아 써봐. 대신 주의해서 써야 돼.
>
> **예슬** 알았어요. 사인펜으로 쓸게요.

예슬이 아빠는 딸에게 고집을 부린다고 비판하지 않았다. 대신 두껍게 써질 거라는 말로 자신의 뜻을 전달했다. 아울러 "그럼 다른 종이에 연습삼아 써봐. 대신 주의해서 써야 돼."라고 말함으로써 예슬이가 매직을 사용하는 게 적절치 않다고 돌려서 말해 주었다. 마침내 예슬이는 아빠의 충고대로 사인펜으로 이름표를 만들겠다고 했다. 아빠는 예슬이에게 강요하지 않았고, 아이 스스로 깨닫게 했다. 아빠와 예슬이 모두 마음 상하지 않고 원활하게 합의를 이끈 예라고 할 수 있다.

태훈이가 축구하다가 다쳐서 집에 왔다.

> **아빠**   턱이 왜 그러니?
>
> **태훈**   축구하다 넘어졌어요. 정말 아파요.
>
> **아빠**   (비난하는 투로) 혹시 태클에 걸려서 넘어진 거야?
>
> **태훈**   (화난 투로) 열중하다 보니 그렇게 된 거예요.
>
> **아빠**   체격이 크다고 태클을 잘할 수 있는 건 아니야. 집중해서 하
>   면 너보다 큰 아이들을 넘어뜨릴 수 있어.
>
> **태훈**   아빠, 그게 아니라니까요. 그냥 넘어졌을 뿐이라고요.

아빠는 태클에 대해 제대로 알려주고 싶었지만, 태훈이는 아빠의 말에 기분이 상해서 듣고 싶은 상태가 아니었다. 게다가 "집중해서 하면 너보다 큰 아이들을 넘어뜨릴 수 있어."라는 말로 아이의 자신감을 꺾고 말았다. 그래서 태훈이가 잘 못해서 다친 것으로 생각하게끔 만들었다.

어떤 부모든 아이에게 창피를 주기 위해 지적하는 건 아니지만, 의도와는 다르게 아이의 자존감을 떨어뜨리는 말을 무심코 내뱉는다. 따라서 아이를 지적하거나 비판하고 싶을 때는 이 말이 오히려 아이의 자존감을 떨어뜨리고 기분을 상하게 하는 건 아닌지 생각해 봐야 한다.

자존감이 쑥쑥 자라는
부모의 대화법

윤주 엄마는 자신이 아이를 비판하고 있다는 생각을 하지 못했다. 그런데 열 살인 윤주와 대화를 하면서 아이가 엄마의 이야기를 비판적으로 듣고 있다는 것을 깨닫는 순간 윤주의 자존감을 높여주는 대화를 이어나갔다.

> **엄마** 어쩌면 은하는 그렇게 예의가 바르니? 우리 집에 올 때마다 인사도 잘하고 예의도 바르더라.
>
> **윤주** 엄마, 난 그렇지 않다는 거예요?
>
> **엄마** 넌 네 친구 칭찬을 들어줄 만큼 너 자신에 대해 자신감이 없는 거니?
>
> **윤주** 엄마 말은 그런 뜻이 아니잖아요.

> **엄마** 무슨 소리니? 너도 정말 잘해. 지난번 할머니 오셨을 때 아주 예의 바르게 인사도 잘하고 잘 대해 드렸잖아. 돌보기도 찾아드리고 옷도 옷걸이에 걸어드리고. 엄마는 네가 정말 자랑스러웠단다.

윤주 엄마는 아이가 엄마 이야기를 부정적으로 받아들이자 얼른 딸이 자랑스러웠다는 방향으로 이야기를 바꾸어 윤주의 자존감을 높여주었다.

흔히 부모가 실수를 많이 하는 것 중 하나가 아이가 행동하기 전에 아이의 행동을 규정해서 말하는 것이다. 이를테면 수민 엄마는 외출하면서 이렇게 말했다.

"수민아, 너는 착해서 동생들을 괴롭히지 않을 거지? 동생들을 잘 돌보고 있으렴."

엄마는 수민이가 동생들을 괴롭힐 수도 있다는 걱정에서 한 말이지만, 결국 수민이가 전혀 생각하지도 않고 있던 것을 엄마가 깨우쳐준 셈이다. 그러자 수민이는 엄마가 외출하는 동안 동생들을 괴롭힘으로써 엄마의 예상을 충족시키고 말았다.

상황을 있는 그대로 말하면
아이는 비난이라고 받아들이지 않는다

부모가 아이의 잘못을 보고도 지적하지 않는다는 것은 어려운 일이다. 그러므로 긍정적인 자존감을 갖게 하면서 나쁜 행동을 고치게 해야 한다.

아이를 지적하거나 비판하고 싶다면 그 상황을 정확하게 말해 주는 것이 바람직하다. 다시 말해 아이의 잘못된 행동을 지적하기보다는 아이가 어떻게 했으면 좋겠다는 바람을 말하면 되는 것이다. 다음과 같이 말이다.

상황을 말하는 예	아이를 비난하는 예
"식탁 위에 아이스크림을 놔두면 다 녹아버릴 거야."	"정신을 어디다 두고 있는 거니? 도대체 무슨 생각을 하면서 사는 거야? 식탁 위에 아이스크림을 놔둬서 다 녹았잖아."
"먹고 난 그릇은 싱크대에 갖다 놔야지."	"엄마가 말했잖아. 제발 그릇 좀 싱크대에 갖다 놓으라고. 여기가 무슨 식당인 줄 아니?"

부모가 상황을 있는 그대로 말하면 아이는 비난으로 받아들이지 않는다.

아홉 살 현우는 밥 먹을 때 산만해서 음식을 흘리거나 물컵의 물을 쏟는 일이 많다. 현우 부모는 현우로 인해서 음식을 편히 먹은 적이 거의 없지만 현우의 행동을 지적하지 않으려고 무척 노력했다. 마음 같아서는 금방이라도 "밥이 어디로 들어가는지 모르겠다. 가만히 앉아서 먹으렴." 하고 말하고 싶을 때가 한두 번이 아니었지만, 지적하지 않고 아이를 좀 더 지켜봐주기로 했다.

그날도 그랬다. 현우는 케첩 병 뚜껑이 열린 줄도 모르고 마구 흔들어댔다. 그 바람에 아빠의 셔츠에 케첩이 튀었다. 아빠는 몹시 화가 났지만 화내지 않고 담담하게 현우에게 수건을 가져오라고 말했다.

현우는 아빠가 침착한 어조로 말하자 미안해하며 얼른 수건을 가져왔다. 그리고 수건을 내밀며 다음부터는 병 뚜껑을 확인하겠다고 말했다.

만일 현우 아빠가 "너 정말 그럴래? 뚜껑이 열려 있는지 확인해야지."라고 큰 소리로 말했다면 현우는 순순히 병뚜껑을 확인하겠다고 말하지 않았을 것이다. 그러기는커녕 아빠에 대해 원망의 말을 쏟아냈을 것이다.

현우 아빠는 화가 나는 상황을 잘 참았고, 그런 아빠의 모습을 본 현우는 자신의 산만한 행동을 고쳐야겠다는 생각까지 하게 되었다.

아이 스스로 선택하고 그 결과를 경험하게 하라

어떤 행동에 대한 결과를 말해 주면 아이는 자신의 행동이 옳은지 한 번 더 생각할 수 있다.

날이 많이 풀린 봄날, 일곱 살 서린이는 빨간 모직 치마를 입겠다고 고집을 피웠다. 일주일 내내 그 옷만 입었던 터여서 서린이 엄마는 오늘은 기필코 다른 옷을 입게 해야겠다는 생각을 하고 있던 참이었다.

> **엄마**　서린아, 오늘도 그 치마를 입으면 더울 거야.
>
> **서린**　더워도 입을래요.
>
> **엄마**　오늘은 덥다니까! 겨울 치마를 입으면 친구들이 웃을 거야.
>
> **서린**　그래도 난 빨간 치마가 좋아요.
>
> (서린이는 빨간 모직 치마를 입겠다고 고집을 부리며 울음을 터뜨렸다.)
>
> **엄마**　엄마 말 들어. 오늘은 이 바지 입어.
>
> **서린**　싫어요. 난 빨간 치마를 입을래요.
>
> **엄마**　정말 이럴래? 얼른 바지 입지 않으면 엄마 혼자 갈 거야.
>
> **서린**　그럼 난 유치원 안 갈 거야.

서린이 엄마는 "겨울 치마를 입으면 친구들이 웃을 거야."라는 말로 서린이가 더욱 세게 저항을 하도록 만들었다. 서린이는 엄마가 윽박지르자 결국 유치원에 안 가겠다고 버텼다.

며칠 뒤 똑같은 상황이 벌어졌다. 서린이 엄마는 이번에는 다른 방식으로 풀어나가기로 했다. 행동의 결과를 말해 줌으로써 딸이 직접 선택하도록 한 것이다.

엄마 오늘 뭐 입을래?

서린 빨간 치마요.

엄마 좋아. 네가 원하면 그렇게 해.

서린 (눈을 동그랗게 뜨고) 오늘 추워요?

엄마 아니. 덥대.

서린 그런데 빨간 치마 입어도 괜찮아요?

엄마 네가 입고 싶으면 입어도 돼.

서린 그럼 입을래요.

(서린이는 옷을 입더니 거울 앞으로 달려가서 자기 모습을 비춰보았다.)

서린 엄마, 나 예뻐요?

엄마 물론이지. 정말 예쁘다.

서린이가 더운 날 모직 치마를 입는다고 해서 큰일이 벌어지는 것은 아니다. 더운 날 모직 치마를 입고 나간 서린이는 좋은 생각이 아니라는 것을 깨달을 것이다. 큰일이 벌어지게 되는 일이 아니라면 아이 스스로 선택하고, 그 결과를 받아들이게 하는 교육이 필요하다.

어떤 문제에 부딪혔을 때 아이 스스로 해결하도록 하는 것은 아이에게 좋은 경험이 된다.

열두 살 윤호는 운동을 하다 다리를 다쳤다. 병원에서 치료를 받은 윤호는 규칙적으로 운동을 해야 한다는 의사의 말을 듣고 무릎운동을 시작했다. 하지만 깜박 잊고 안 하고 넘어가는 날이 많았다.

아빠 요즘 무릎운동 하고 있니?

윤호 네. 무릎 펴는 운동만 하고 있어요.

아빠 잘했다. 요즘 해야 할 일이 정말 많지?

윤호 네.

아빠 아빠가 도와줄 일이 있을까?

윤호 네. 운동하라고 알려주시면 좋을 것 같아요.

아빠 그럴 수는 있지. 하지만 그건 네가 알아서 하는 게 좋겠다.

아빠가 말하면 잔소리처럼 들릴 테니까.

윤호 그건 그렇겠네요.

아빠 자, 어디 보자. 네가 잊지 않을 수 있는 방법은 뭘까?

윤호 운동기록표를 책상 앞에 붙여놓고 표시하는 건 어떨까요?

아빠 그거 좋겠다.

아빠는 윤호가 운동을 제대로 하지 않는 것을 지적하는 대신 "잘했다. 요즘 해야 할 일이 정말 많지?"라는 말로 윤호의 상황을 이해해 주었다. 그런 다음 "아빠가 도와줄 일이 있을까?"라고 말해서 윤호가 해야 할 일을 상기시켰다. 윤호가 부탁을 하자 "아빠가 말하면 잔소리처럼 들릴 테니까."라고 말함으로써 윤호 스스로 문제를 해결하도록 유도했다. 결국 윤호는 해결 방법을 찾았다.

지적이나 비판 없이
아이 스스로
행동을 바꾸는 방법

아이를 비난하지 않고 아이의 행동을 변화시키는 방법으로 메모 남기기가 있다. 아이에게 잔소리하거나 지적하지 않고도 아이의 협조를 구할 수 있는 방법이다. 유머를 섞어서 쓰면 더욱 효과가 좋다.

부모가 메모를 남기면 아이는 답장을 하게 되므로 메모하는 습관을 갖게 할 수 있고, 아이도 부모도 글을 주고받는 기쁨을 누릴 수 있다. 다음은 부모가 아이에게 짧게 쓴 글들이다.

주인어른, 나를 발로 쓰윽 밟지 말고 나의 집에 넣어주면 어떨까요?

나는 집에 있는 것을 좋아한답니다.

―주인님의 옷으로부터

당신의 도움이 필요해요. 샴푸 뚜껑과 치약 뚜껑을 닫고 젖은 수건은

빨래통에 넣어서 욕실을 깨끗하게 해주세요.

그렇게 한다면 엄마가 무척 좋아하실 거예요.

－욕실로부터

나도 뚱뚱한 게 싫어요. 제발 꽉 차면 버려주세요.

－쓰레기통으로부터

비난 대신 '격려'라는 카드를 꺼내라

아이를 비난하지 않는 또 다른 방법으로 격려가 있다. 아이가 곤란한 상황에 처하면 부모 역시 속상한 마음에서 아이의 신경을 긁는 말을 무심코 하게 된다.

"왜 말을 안 했니? 엄마가 알았다면 일이 이렇게까지 되지는 않았을 거 아니야?"

이런 말을 한다고 해서 문제가 해결되는 게 아닌데도 이렇게 쏘아붙인다. 아이가 난처한 상황에 처해 있을 때는 격려의 말을 해야 한다.

"그래, 그건 쉬운 문제가 아닌 것 같구나. 그럼 어떻게 하면 좋

을까?"

"나도 그 문제가 얼마나 어려운지 알아. 너도 최선을 다했다는 것도 알고 있고."

이런 말을 들으면 아이는 다시 힘을 내서 문제를 해결하려는 노력을 한다.

성주 아빠는 아들이 바둑에 져서 시무룩해져 있자 왜 질 수밖에 없었는지 자세히 알려주었다. 그러고 나서 아들의 기를 살려주기 위해 일부러 져주려고 애썼다. 그런 노력에도 불구하고 또다시 아빠가 이기고 말았다.

아빠   아빠가 어떻게 해줄까?

성주   아무것도 하지 마세요. 아빠는 나를 더 비참하게 만들어요.

아빠   그러니까 앞섰을 때 더 집중했어야지. 그때 실수한 거야. 한 점 한 점 집중해서 두어야 해.

성주   나도 그러고 싶어요.

(성주 아빠는 아이가 바둑에 져서 속상해한다는 걸 깨닫고 마음을 바꾸어 다시 대화를 시도했다.)

아빠   음…… 우리 아들 바둑에 져서 속상하구나.

성주   네.

아빠   그건 누구나 그래. 어떤 게임이든 지면 속상해.

성주   맞아요. 지는 게임은 더 이상 하고 싶지 않아요.

아빠   무슨 소리! 계속 해야 이길 수 있지. 더구나 바둑은 오랫동
         안 연습해야 잘 둘 수 있어. 그만큼 어려운 게 바둑이야.

성주   맞아요. 어느 점에 놓아야 할지 갈등이 생길 때가 많아요.

아빠   그땐 정말 난감하지. 아빠도 그랬어.

성주   그랬어요? 아빠가 나한테 가르쳐주세요.

아빠   성주 너 아빠 말을 듣는 걸 싫어하잖아.

성주   그랬죠. 그러니까 내가 요청할 때만 도와주세요.

아빠   좋아. 그럼 잘할 수 있을 거야.

성주   그럴 것 같아요.

아빠   그럼 우리 한 판 더 둘까?

성주   좋아요.

아빠는 성주에게 비난하는 대신 격려의 말을 했다. 처음에는 성주의 기를 살리기 위해 일부러 져주려고 했지만 그것도 뜻대로 되지 않자, "바둑은 오랫동안 연습해야 잘 둘 수 있어. 그만큼 어려운 게 바둑이야."라는 말로 위로하고 공감했다. 아빠의 공감에 성주도 마음을 열고 기분 좋게 아빠와 바둑을 두고 싶다는 마음이 생겼다.

부모가 보기에 아이가 뻔히 잘못된 길로 가고 있는데 그것을 지적하지 않기란 무척 어렵다. "넌 항상 그러더라."라거나 "넌 왜 할 수 없다는 말부터 하니?"라는 말이 불쑥 튀어나오게 마련이다. 더구나 아이가 부모의 화를 돋우는 행동을 하면 더욱더 참기 쉽지 않다. 그럴 때일수록 아이를 비난하거나 아이에게 화내지 말고 격려의 말로 아이의 기분이 나아지게 도와주어야 한다. 그러면 아이는 해결 방법을 스스로 찾아낸다.

아이가 못하는 것에는 눈을 감고 잘하는 것에 초점을 맞춘다

아이를 비난하지 않고 아이의 행동을 바꾸는 또 다른 방법은 부모가 하고 싶은 말을 참는 것이다. 말이 막 튀어나오기 직전에 꾹 참고 바라봐 주면 된다.

윤하 엄마는 아이에게 잔소리하고 싶은 것을 꾹 참자 윤하가 몰라보게 달라진 것을 경험했다. 그녀는 이렇게 말했다.

"윤하는 철자도 틀리고 글씨도 삐뚤빼뚤하게 써서 정말 봐줄 수 없을 정도지요. 글짓기도 엉망이고요. 물론 윤하도 그걸 알고 있었죠. 하루는 윤하가 저더러 숙제를 봐달라고 하더군요. 정말 엉망이었어요. 최악이었지요.

　그런데 다행인 것은 철자도 틀리고 알아볼 수 없을 지경이었지만 내용은 나쁘지 않았다는 거였지요. 옛날 같았으면 이건 제출할 수 없으니 다시 쓰라고 말했을 거예요. 하지만 그렇게 말하면 아이는 화를 냈을 테지요. '난 엄마 마음에 들게 쓸 수 없으니까 쓰지 않겠어요.'라고 말하면서요. 그때부터 우리는 한바탕 싸웠겠지요. 그래서 나는 내용이 좋다는 얘기만 했어요. 철자가 틀린 것이나 글씨가 엉망인 것은 말하지 않았죠. 그런데 놀라운 것은 그 작품

"나를 피곤하게 했던
모든 어른들이여,
안녕히!"

이 글짓기 대회에서 상을 탔다는 거예요. 정말 믿어지지 않는 일이 일어난 거죠."

몇 주일이 지나서 윤하는 또 다른 숙제를 가져왔다.

윤하 엄마, 글짓기한 것 읽어보실래요?

엄마 (철자 틀린 것을 보지 않기 위해 애쓰며) 네가 읽어주렴.

(윤하는 매우 의기양양하게 자신이 쓴 글을 읽었다.)

엄마 우리 딸 잘 썼네. 너도 그렇게 생각하지?

윤하 네. 깨끗하게 다시 써서 간직해야겠어요.

윤하 엄마는 아이가 틀리게 쓰고 글씨가 삐뚤빼뚤한 것은 선생님이 고쳐줄 것이라고 생각했다. 대신 윤하의 장점을 이야기해 주어 딸의 자부심을 북돋워주었다.

부모는 아이가 잘하는 것보다는 잘 못하는 것에 집중하는 경향이 있다. 비단 이런 경향은 학교 숙제뿐만 아니라 일상생활에서도 부지기수로 나타난다. 하지만 윤하 엄마처럼 잘못된 점을 눈감아주고 잘한 것을 격려해 주면, 아이는 자신감을 갖게 되고 더욱 잘하기 위해 노력한다.

'칭찬'과 '감사',
아이에게 이보다 더
좋을 수는 없다

아이를 키울 때 가장 좋은 방법은 '칭찬'과 '감사'를 활용하는 것이다. 이 방법은 그렇게 어려운 일도 아니며, 아이의 행동을 변화시키는 데 비판보다도 훨씬 더 효과적이다. 또한 칭찬과 감사는 아이의 자존감을 높여주는 데도 결정적인 역할을 한다.

준영이는 컴퓨터 시디를 아무 데나 놓거나, 시디 케이스를 잃어버리기 일쑤다. 간혹 시디를 부러뜨리기도 한다. 엄마가 몇 번이나 잔소리했지만 준영이는 바뀌지 않았다. 그런 일이 반복되자 준영 엄마는 방법을 바꿔서 아이가 시디를 제대로 관리할 때마다 칭찬을 해주었다.

"준영이가 시디를 케이스에 잘 끼워서 제자리에 갖다 놓았구나. 엄마는 정말 기쁘단다."

엄마의 칭찬에 준영이는 으쓱해져서 시디 케이스를 챙기는 데 좀 더 신경을 썼다. 물론 가끔은 실수할 때도 있지만 시디 케이스를 챙기기 위해 노력했다.

아이가 생각지도 못한 일들을 할 때면 그때그때 칭찬을 해주어야 한다. 옷을 제자리에 건다든지, 방을 정리한다든지, 실내화를 빤다든지 부모가 일일이 말하지 않은 것을 아이가 했을 때는 잘했다거나 고맙다는 인사를 하는 것이 좋다. 그러면 아이는 그 일을 계속하고 싶다는 마음이 들게 된다.

아이들은 칭찬에 굶주려 있다

여섯 살 상현이가 이를 대충 닦는 것을 본 아빠는 슈퍼맨이 그려진 칫솔을 사왔다. 상현이가 이를 깨끗하게 닦게 하기 위해서였다. 슈퍼맨을 좋아하는 상현이가 그 칫솔로 아주 열심히 양치질을 하자 아빠가 칭찬해 주었다.

"정말 열심히 이를 닦는구나. 구석구석 닦기가 쉬운 일은 아닌데, 우리 상현이 이를 보면 치과 선생님도 깜짝 놀라실 거야."

아빠의 칭찬에 신이 난 아이는 더욱 열심히 양치질을 했다.

똑같은 문제로 고민하던 다섯 살 아들을 둔 엄마가 하루는 아들이 다른 날과 다르게 이를 깨끗이 닦자 선글라스를 쓰고 오버해서 칭찬했다.

"우와! 우리 아들 이를 보니까 눈이 부시네. 엄마가 선글라스를 써야겠다."

아들은 엄마가 요란스럽게 칭찬을 하자 의기양양해져서 날마다 밤이 되면 "엄마, 오늘도 선글라스 쓰실 거예요? 내 이가 반짝이죠?"라고 말하며 열심히 이를 닦았다.

다섯 살인 예원이는 매사에 소극적이다. 엄마나 아빠 외에는 누구와도 밖에 나가지 않으려 했고, 친구들과 잘 어울리지도 않았다. 예원 엄마는 아이가 치마폭에 매달릴 때마다 "넌 아기가 아니야."라거나 "왜 그래? 바보같이."라는 말로 핀잔을 주었다. 그런데도 예원이가 바뀌지 않자 엄마는 방법을 바꾸기로 했다.

어느 날 삼촌과 예원이가 외출을 하고 돌아오자 엄마는 폭풍 칭찬을 해주었다.

"삼촌이랑 장난감 가게에 다녀와서 기분 좋았겠다. 어이구! 이제 보니 우리 예원이가 다 컸네."

"네. 삼촌도 나랑 가서 좋대요."

부모로부터 칭찬을 받으면 아이는 더욱더 칭찬을 받기 위해 노력한다. 아이는 부모가 기뻐하는 것을 원하기 때문이다. 또 부모의 칭찬을 통해 부모가 좋아하는 일이 무엇인지도 알게 된다.

비난이나 지적을 받는 것에는 익숙한 반면 칭찬에는 굶주려 있는 아이에게는 고마움을 표시하는 것이 매우 중요하다. 아이가 칭찬받을 만한 행동을 했는데도 칭찬받지 못한다면 그런 행동은 점점 줄어들 것이다.

두루뭉술한 칭찬은 오히려 아이에게 독이 된다

칭찬은 대부분 아이에게 긍정적인 효과를 일으킨다. 하지만 아이들은 각각 고유하므로 어떤 아이에게는 칭찬이 부정적인 효과를 불러올 수도 있다.

어버이날, 일곱 살 정우는 유치원에서 만든 종이 꽃다발을 엄마에게 내밀며 말했다.

"엄마, 이거 내가 만들었어요."

"그래? 멋지구나. 우리 아들 착하기도 하지."

엄마가 꽃을 받으며 정우를 칭찬하자 아이는 갑자기 시무룩해져서 엄마의 표정을 살폈다. 칭찬을 했는데도 정우의 표정은 왜 어두워졌을까?

칭찬을 할 때도 다 방법이 있다. 두루뭉술하게 이야기하면 정우처럼 그 말의 진정성을 의심하게 된다.

정우가 종이 꽃다발을 내밀었을 때 엄마는 정우가 만든 종이 꽃다발에 시선을 두지 않고 정우만 쳐다보며 말했다. 만일 정우 엄마가 종이 꽃다발을 자세히 보면서 "이거 만드느라 정말 힘들었겠다. 어떻게 만들었니? 진짜 꽃보다 더 예쁘게 만들었다."라고 말했다면 아이는 무척 기뻐했을 것이다. 그리고 엄마가 기뻐하는 모습을 보면서 정성들여 만들기를 잘했다는 생각을 했을 것이다. 이처럼 아이를 칭찬할 때는 구체적이고 상세하게 해야 한다.

"받아쓰기 시험에서 '메뚜기'라는 어려운 단어도 다 썼더구나. 그걸 어떻게 알았는지 정말 놀랐단다."

"어떻게 15분 만에 그 많은 영어 단어를 다 외웠니? 정말 대단해. 불규칙동사라서 외우기 힘들었을 텐데."

부모가 구체적으로 말해 줄 때 아이는 그 말의 진정성을 의심하지 않는다. 또한 자신이 하는 일에 부모가 관심을 갖고 있다고 생각해서 더 열심히 하게 된다.

효과가 두 배가 되는 칭찬법

아이를 칭찬할 때면 '좋은', '놀라운', '대단한' 등 뭉뚱그려 표현하는 단어들을 쓰지 않을 수 없다. 하지만 이런 단어들을 쓸 때 주의해야 할 것이 있다. 거기에 꼭 구체적인 정황 설명이 들어가야 한다는 점이다. 그래야 아이에게 좀 더 설득력 있게 들린다.

아이가 학교에서 성적표를 가져오거나 수업 시간에 그린 그림을 가져온다면 어떻게 표현해야 할까? 솔이 아빠는 아이가 학교에서 그린 그림을 가져오자 묘사하듯 표현했다.

> **솔이** 아빠, 이건 아빠를 위해 그린 그림이에요.
>
> **아빠** 우와! 이걸 아빠 주려고 네가 그렸다고? 정말 색깔이 밝아서 좋구나. 나뭇잎이 울긋불긋해서 꼭 가을 풍경을 보는 것 같아. 이 그림을 사무실에 걸어놔야겠다.
>
> **솔이** 정말이에요? 정말 아빠 사무실에 걸어놓으실 거예요?
>
> **아빠** 물론이지. 잘 보이는 곳에 걸어놓을 거야.

솔이 아빠는 다음 날 퇴근해서 솔이에게 말해 주었다.

"아빠가 사무실에 네 그림을 걸어놓았는데 사람들마다 그 그림 속의 나뭇잎을 유심히 쳐다보더구나."

솔이는 자랑스러운 듯 씩 웃었다. 솔이 아빠는 아이의 그림 실력을 평가하지 않았다. 다만 그림을 본 인상만 말했는데도 아이가 좋아했다. 아빠가 '자기가 그린 그림을 좋아하는구나.' 하는 느낌을 받았기 때문이다.

부모는 가끔 아이에게 "네가 정말 자랑스러워."라고 칭찬한다. 이는 아이를 칭찬하는 말이지만 사실은 초점이 아이에게 맞춰진 것이 아니라 칭찬을 하는 부모에게 맞추어져 있다.

아이가 100점 맞은 학교 시험지를 가져왔을 때 "네가 자랑스러워."라고 말하는 것보다는 "100점을 맞아서 기분 좋지? 공부를 열심히 해서 이렇게 좋은 결과가 나왔으니 네 자신이 자랑스러울 거야."라고 말하는 게 좋다. 그러면 아이의 성취감도 높아진다.

열세 살 성은이는 학교 축제 때 있을 연극에 출연하게 되었다. 성은이는 자신이 맡은 배역을 실수 없이 하기 위해 열심히 연습했다. 연극이 끝난 뒤 성은이 아빠는 성은이를 축하해 주었다.

"네 역할을 참 잘하더구나. 2층 뒷좌석에서도 네 목소리가 뚜렷하게 들렸단다. 아마 오늘 넌 네 자신이 무척 자랑스러울 거야."

성은이 아빠는 아주 구체적으로 아이가 잘했다는 것을 칭찬해 주었다. 성은이는 자부심이 가득한 얼굴로 아빠의 말을 귀담아듣고 진심으로 기뻐했다.

아이의 공부 의욕을
200% 상승시키는 칭찬법

열네 살 하영이는 학교 공부를 어려워한다. 하지만 하영이 부모님은 하영이에 대한 기대가 크다.

아빠 이번 학기말 성적은 괜찮니?

하영 네.

아빠 내가 말했지? 넌 머리가 좋다고.

하영 아뇨. 아주 열심히 해도 반에서 중간밖에 못하는 걸요.

아빠 무슨 소리야. 열심히 하면 수학 경시대회에도 나갈 수 있어.

하영 하지만 뜻대로 안 되는 걸요. 선생님도 그렇게 생각하실 거예요. 어휴! 세상에 선생님들이 모두 없어지면 좋겠어요.

아빠 그게 무슨 소리니? 노력 없이는 아무것도 이룰 수 없어.

아빠와 대화하다 말고 하영이는 책을 탁 소리나게 덮고 방을 나
갔다. 하영이 아빠는 아이를 격려하려다 오히려 화만 북돋우고 말
았다. 하영이는 부모님과 선생님들의 기대를 부담스러워하는 상
태다. '내가 과연 선생님의 기대에 부응할 수 있을까?' 하며 내심
두려워하고 있었다.

아빠는 하영이에게 머리가 좋다고 말함으로써 아이가 얼마나
노력하고 있는가를 간과했다. 머리가 좋기 때문에 성적이 좋게 나
온다는 듯이 말해서 딸의 노력을 인정해 주지 않은 것이다. 이럴
때는 다음처럼 아이의 마음을 좀 더 이해하면서 대화를 이끌어나
가는 것이 바람직하다.

아빠 이번 학기말 성적은 괜찮니?

하영 네.

아빠 수학 경시대회에 나갈 준비도 하고 있다면서?

하영 잘 준비하고 있어요.

아빠 잘되나 보구나. 기분이 좋아 보이는데?

하영 네. 학기말 성적이 좋게 나와서 이번에도 열심히 해보려고요.

아빠 정말? 잘됐구나.

하영 그런데 선생님들은 기대치가 높으세요.

> **아빠** 네가 잘해 내서 그럴 거야. 그럴수록 넌 걱정이 되겠지. 사
> 람들의 기대를 무너뜨리면 안 될 거라는 생각 때문에.
>
> **하영** 맞아요.

칭찬은 아이의 자존감을 쑥쑥 키운다

비난을 거두고 칭찬과 감사의 표현을 할 때 아이는 책임감 있는
행동을 하게 된다. 해결하기 곤란한 상황일 때조차 칭찬과 감사를
통해 새로운 해결책을 발견할 수 있다. 그럼으로써 아이의 자존감
도 높아진다.

승기 엄마가 아들을 데리러 유치원에 갔을 때 승기가 울고 있었다.

> **엄마** 왜, 무슨 일이니?
>
> **승기** 필통을 잃어버렸어요.
>
> **엄마** 그랬구나.
>
> **승기** 점심 먹고 가방 속에 넣었는데, 다시 찾으니 없어요. 아까

가방 정리하다 쓰레기통에 버렸나 봐요.

엄마 쓰레기통은 찾아봤니?

승기 네. 애들이랑 같이 찾았는데 없어요. 엄마, 어떡해요.

엄마 할 수 없지. 다시 사야지. 이제 잃어버리지 않으면 돼.

승기 엄만 화나지 않으세요?

엄마 일부러 그런 건 아니잖아. 새로 사는 게 아깝기는 하지만,
이건 누구에게나 일어날 수 있는 일이야.

승기 엄마, 왜 나는 물건을 잘 잃어버릴까요?

엄마 아냐. 그렇지 않아. 엄마는 네가 네 물건을 아주 소중하게
여긴다고 생각하는 걸. 누가 필통을 찾기 위해 쓰레기통을
뒤지겠니? 너니까 그렇게 한 거지.

승기 엄마는 아들에게 잔소리를 하지 않고 필통을 찾으려 했던
승기의 행동을 칭찬함으로써 아이에게 책임감을 갖게 해주었다.
사실 이런 상황에서 "왜 그렇게 조심성이 없니?"라는 잔소리를 하
는 것은 가장 좋지 않은 방법이다.

승기 엄마는 아이의 행동 중에서 칭찬할 만한 것을 끄집어내어
긍정적인 상황으로 바꾸었다. 더구나 필통을 찾기 위해 쓰레기통
까지 뒤진 승기의 노력을 인정했다. 다음부터는 잃어버리지 않으
면 된다는 말로 아이에게 책임감을 심어주기도 했다.

아이가 물건을 잃어버리거나 가져오지 않았을 때 아이의 입장이 되어 이해해 주면 그런 행동을 반복하지 않기 위해 노력한다.

부모는 아이의 자존감을 높여주어야 한다. 그러기 위해서는 바람직한 행동을 빠짐없이 찾아내서 칭찬하고 격려해 줘야 한다. 그러면 아이는 긍정적인 사고를 하게 되고 자신감을 갖게 된다.

다른 사람 앞에서 하는 칭찬은 아이를 기분 좋게 한다

다른 사람 앞에서 아이를 칭찬하면 아이의 자부심이 더욱 커진다.

유진이는 엄마가 친구와 통화하면서 자신을 칭찬하는 것을 우연히 듣게 되었다.

"이건 빅 뉴스야. 글쎄, 우리 유진이가 날 위해 집안일을 도와줬단다. 내가 친정아버지가 돌아가신 뒤 정말 기분이 말이 아니었거든. 그걸 본 유진이가 방 청소도 하고, 세탁기도 돌려서 빨래를 깨끗이 널어놓았어. 완전 감동이지 뭐니."

엄마가 친구에게 자신을 칭찬하자 유진이는 기분이 좋아졌다.

한별이 가족이 엘리베이터를 타자마자 한별이 엄마가 이렇게 말했다.

"여보, 엊그제 한별이가 사람들이 엘리베이터에 다 탈 때까지 엘리베이터 단추를 누르고 있더라고요."

진호 엄마는 시아버지께 아들 자랑을 했다.

"아버님, 식탁 깨끗하죠? 오늘 아침 진호가 식탁을 정리했어요."

아이들은 부모가 다른 사람들 앞에서 자신을 자랑하면 더 좋아한다. 그러나 청소년기 아이들에게는 이 방법이 역효과를 일으킨다. 왜냐하면 이 시기는 자의식이 강해서 다른 사람 앞에 자신을 드러내는 걸 싫어하기 때문이다.

하루에 한 가지씩! 칭찬 목록을 만들어라

때로 어떤 부모들은 아이를 칭찬하라는 말에 이렇게 묻기도 한다.

"아이를 칭찬하라고요? 뭐, 잘하는 게 있어야 칭찬하죠. 칭찬할 만한 일이 눈곱만큼도 없어요."

그런 아이에게는 '하루에 한 번 칭찬하기' 방법이 효과적이다. 사소한 것이라도 아이가 칭찬받을 만한 행동을 할 때 칭찬해 주는 것이다.

기준 엄마는 아들의 얄미운 행동으로 하루에도 몇 번씩 화가 났다. 아침부터 저녁까지 아이와 입씨름하는 것은 물론이거니와 아이가 점점 커가자 아이의 행동을 제어할 수 없게 되었다.

이런 상황에서 아이와 입씨름하는 것은 상황만 더 악화시킬 뿐이다. 이럴 때는 하루에 한 번씩 아이를 칭찬하고 기록해 두는 것이 바람직하다.

"와우! 기준이 네가 깨진 병 조각을 다 주웠구나. 그건 엄마도 힘들어하는 일인데."

"현빈이를 도와 비행기 모형을 만들던데, 잘했다. 친구를 도와주다니. 현빈이는 너 같은 친구가 있어서 좋겠다."

"넌 아주 좋은 형이야. 동생이 장난감을 꺼내지 못해 쩔쩔맬 때 도와주었다면서? 기현이가 정말 고마워하더구나."

"오늘 너랑 같이 마트에 가서 엄마가 얼마나 편했는지 몰라. 네가 무거운 짐을 들어줘서 엄마가 편하게 장을 볼 수 있었단다."

일주일 동안 작은 일에도 칭찬을 해준 결과 기준이의 행동은 몰라보게 달라졌다.

'하루에 한 번 칭찬하기'가 좋은 이유는 아이의 장점을 찾으려다 보면 단점에는 시선이 잘 가지 않는다는 데 있다. 그래서 아이에게 비난을 쏟아내지 않아도 되고, 입씨름할 필요도 없다.

부모가 원하는 행동을 아이에게 가르치기 위해서는 칭찬과 감사가 꼭 필요하다. 이를 통해 아이는 자부심을 갖게 된다. 이때 주의할 점도 있다. 때로 과한 칭찬은 아이에게 부담이 되기도 하고 상황에 따라 위협이 되기도 한다.

자기가 행동한 것보다 과한 칭찬을 받으면 아이는 '난 그렇게 칭찬을 받을 만한 아이가 아닌데.'라고 생각한다. 이를테면 부모가 아이를 향해 "우리 아들은 항상 정직하지."라거나 "난 네가 거짓말을 결코 하지 않을 거라고 생각해."라고 했다고 치자. 그러면 아이는 '난 그렇게 정직하지도 않고 때로 거짓말도 하는데 어떡하지?'라는 고민에 빠질 수 있다.

따라서 부모가 아이를 칭찬할 때 '넌 항상'이라거나 '넌 결코'라는 단정적인 말은 하지 않는 게 좋다.

부모로서 가장 힘든 일 가운데 하나가 아이를 지켜보는 일이다.

아이가 잘못된 길을 걸어가고 있다면야 조언을 해야 하지만,

그렇지 않은 경우 아이를 묵묵히 지켜보기란 쉽지 않다.

그래서 간혹 아이가 원하는 방식이 아닌 부모가 원하는 방식으로 이끌기도 한다.

부모 뜻대로 한다고 해서 실수가 없는 것은 아니다.

두렵기는 하지만 아이가 스스로 선택하고,

그 과정에서 배우게끔 지켜보고 격려하는 것이 부모의 역할이다.

6장

아이의
독립심을
길러주는 대화법

부모가 아이의 삶을 대신 살아줄 수 없다면 독립심을 선물하라

아이가 어떤 행동을 하든 부모는 자신의 책임이라고 생각하고는 한다. 그것이 바람직한 행동이든 바람직하지 못한 행동이든 자신의 영향을 받아서 그런다고 생각하는 것이다.

민우 엄마도 민우가 독립된 인격체라는 것을 아주 나중에서야 깨달았다고 고백했다.

"민우의 모든 행동이 순전히 제 책임이라고 생각했어요. 그러다가 깨달은 거예요. 아이가 어느 정도 자라면 결정을 내리거나 보호를 해주는 것이 부모 일만은 아니라는 것을요. 부모가 해야 할일은 아이가 잠재능력을 끌어내어 행복하게 살아갈 수 있도록 도와주어야 한다는 것을요. 그래야 아이가 독립된 인간으로 성장할수 있으니까요. 부모가 아이의 실수나 감정에 책임을 져야 한다고는 생각하지 않아요."

아이는 태어나는 순간부터 독립된 인격체다

그렇다. 엄마 뱃속에서 나오는 순간부터 아이는 독립된 인간이다. 그런데 대부분의 부모는 신체적인 분리는 쉽게 받아들이지만 감정적이거나 심리적인 분리는 쉽게 받아들이지 못한다.

부모로서 아이에게 영향을 주고 아이를 보호하는 것은 당연한 일이다. 그렇다고 해서 계속 아이를 통제한다면 아이는 스스로 통제하지 못하는 부모의 로봇이 되고 만다. 옷을 입고 밥을 먹고 숙제를 하고 친구들과 노는 일들은 아이 스스로 할 수 있는 권리를 주어야 한다.

그런데 많은 부모들은 아이를 통제해야 한다고 생각한다. 통제하는 방법 중 하나가 바로 부모가 대신 해주는 것이다. 부모가 많이 해줄수록 아이가 해야 할 일은 줄어들고, 급기야 자신이 한 일에 확신이 서지 않아서 사사건건 부모에게 물어보는 일이 생긴다. 아이를 위한다는 명목으로 지나친 간섭을 하고 있는 건 아닌지 곰곰이 생각해 보자.

- 아이의 건강을 위해 어떤 것을 먹어야 할지 일일이 알려준다.
- 다른 사람들에게 예쁘게 보이기 위해 어떤 옷을 입을지 골라준다.

- 다른 아이들에게 뒤처지지 않게 숙제를 봐준다.

- 태권도, 피아노, 미술, 수영 등 예체능에도 신경을 쓴다.

그런데 아이가 원하는 방식이 아닌 부모가 원하는 방식으로 진행할 때 문제가 된다. 아이가 자기 뜻대로 하다가 실수를 할 수도 있는데, 그 모습을 지켜보기가 부모 입장에서는 힘들 수 있고, 상황이 더 악화되면 아무것도 해줄 수 없다는 생각에서 무력감에 빠질 수도 있다.

그런데 부모 뜻대로 한다고 해서 실수가 없는 것은 아니다. 그때 역시 부모는 아무것도 해줄 수가 없다. 따라서 두렵기는 하지만 아이가 스스로 선택하고, 그 과정에서 배우도록 지켜보고 격려하는 것이 바람직하다.

존중 또 존중! 아이의 선택을 존중해 줘라

형서 엄마는 열한 살 형서에게 토요일 친구 생일파티에 가기 위해서는 생일선물을 사야 한다고 몇 번이나 말해 주었다. 그래도 말을 듣지 않자 목요일에는 형서에게 더는 말해 주지 않을 것이라고 선포했다. 선물을 사야 한다고 상기시켜 주지도 않을뿐더러,

선물을 사러 같이 가지도 않을 것이라고 말한 것이다.

결국 형서는 빈손으로 친구 생일파티에 가야 했다. 그 모습을 보는 것이 엄마 입장에서는 참 힘든 일이었다. 혹시 형서 친구가 선물을 갖고 오지 않았다고 형서에게 화를 내면 어떡하나, 형서 친구 엄마가 자신을 관심 없는 엄마로 보지 않을까 하는 생각이 들어 걱정이 되기도 했다.

그러나 선물을 준비하는 것은 형서의 책임이라고 생각했기 때문에 어떤 상황이 벌어지든 그것은 형서가 감당해야 하는 일이고, 또 그 일을 통해 무언가를 배우리라 생각해서 도움을 주지 않았다.

부모는 아이가 "싫어!"라는 말을 할 때부터 아이와 실랑이를 한다. 아이가 원하는 대로 내버려둬야 하는지, 제재를 가해야 하는지 갈등하는 시기가 찾아온 것이다. 그런데 아이의 주장을 받아들이는 시기가 빠를수록 아이와의 관계가 좋아진다. 그래야 필연적으로 아이와 정서적으로 분리 과정이 일어나는 청소년기도 잘 대비할 수 있다.

지우 엄마는 일곱 살 지우가 추석에 입을 옷으로 파란색 셔츠와 회색 바지를 샀다. 그 옷을 입은 지우가 얼마나 멋질지 생각하는 것만으로도 입가에 웃음이 맺혔다. 드디어 지우에게 새 옷을 입히는데 아이가 갑자기 옷을 밀어내며 말했다.

> **지우** 엄마, 나 이 옷 입기 싫어요.
>
> **엄마** 왜?
>
> **지우** 그냥 늘 입던 옷으로 입고 싶어요.
>
> (지우 엄마는 당황스러웠다. 새 옷을 입은 아들의 귀여운 모습만 생각했을 뿐 아들이 거부하리라고는 생각하지 못한 것이다.)
>
> **엄마** 음…… 늘 입던 옷? 어떤 옷을 말하는 거니?
>
> **지우** 유치원에 갈 때 입는 옷이요. 노란색 티와 파란색 바지요.
>
> **엄마** 좋아. 네가 원하는 옷을 입으렴.

지우 엄마는 아이에게 예쁜 옷을 입혔다는 엄마로서의 자부심보다 지우의 마음이 더 중요하다는 걸 알고 있었다. 아들에게 윽박질러서라도 새로 산 옷을 입힐 수 있었지만, 그녀는 아들의 뜻을 존중함으로써 자신의 생각을 내려놓았다.

여섯 살 보미는 반짝반짝 구슬이 달린 화려한 드레스에 에나멜 구두를 신고 연극 무대에 오르고 싶어 했다. 엄마는 배역에 비해 너무 화려한 게 아니냐고 말하고 싶었지만 꾹 참았다.

예빈이 엄마 또한 여섯 살 예빈이가 어린이집에 갈 때마다 스커트를 겹겹이 껴입고 가려고 하자 어린이집 선생님께 편지를 보내서 아이의 선택을 존중해 주었다.

존경하는 선생님

예빈이의 옷 입는 취향을 굳이 통제해야 할 필요는 없다고 생각합니다.

선생님께서 이해해 주시기 바랍니다.

－예빈이 엄마 드림

대다수 부모들은 아이에게 가장 좋은 것이 무엇인지 알고 있다고 생각한다. 그런데 문제는 부모가 아이의 인생을 대신 살아줄 수 없다는 것이다. 결국 부모는 아이가 판단을 잘하도록 격려하고 도와줘야 한다.

때로 부모는 아이의 욕구를 생각하지 않은 채 부모의 방식대로 강행할 때가 있다. '태권도를 배워라.', '도서관에 가라.', '리더십을 키워라.' 등 아이에게 끊임없이 뭔가를 하라고 요구한다. 그런데 부모의 요구가 클수록 아이는 소극적으로 변할 뿐만 아니라 반항하기까지 한다.

엄마 다미야, 소미야. 빅 뉴스가 있어. 지금 유명한 미술학원에 등록하고 왔어. 선생님도 잘 가르치시고, 일요일마다 가면 돼.

다미 싫어요. 일요일 하루 쉬는데, 그날만큼은 텔레비전도 보고 늦잠도 잘래요.

엄마	오전에 갔다가 오고 나서 텔레비전도 보고 잠도 자면 돼.
소미	나도 가고 싶지 않아요. 손에 물감도 묻혀야 하고……
엄마	닦으면 되잖아. 별로 힘든 일도 아닌데, 왜 그래?
소미	학교 공부로 충분하다고요. 학교에서 열심히 공부하잖아요.
엄마	일단 가보고 나서 결정해. 그때도 싫으면 그만둬.
다미	정말이죠?
엄마	그래. 딱 두 번만 가.
다미	좋아요. 그때 그만둔다고 해도 아무 말씀 마세요.

다미와 소미의 엄마가 아이들에게 의욕적으로 그림을 가르치려고 하는 마음은 이해하지만, 아이들의 의중을 물어보지도 않은 채 덜컥 학원 등록부터 한 것은 잘못이다. 아이들에게 선택의 기회도 주지 않았고 동기부여도 하지 않아서 반항하고 거부했다. 아이들은 가고 싶어 하지 않았지만 일단 가보고 나서 결정하라는 엄마의 제안을 마지못해 따랐다.

오늘부터 조금씩
아이의 독립심을
인정해 줘라

아이 문제만큼은 생각대로 되지 않는다. 이 글을 쓰는 나 역시 아들이 뭔가를 스스로 할 수 있게끔 하기 위해 몇 년의 시간을 보내야 했다. 사실 부모로서 아이의 행동을 통제하지 않기란 무척 힘든 일이다.

숙제 검사를 하다가 큰아들의 글씨를 보고 기겁한 적이 있다. 삐뚤빼뚤해서 도저히 알아볼 수가 없어서 똑바로 쓰라고 말했지만, 아이는 말을 듣지 않았다. 나 역시 글씨를 예쁘게 쓰지 못하는데, 아들까지 못 쓰는 걸 보니 안 될 것 같아서 컴퓨터 학원에 등록했다. 타자 연습을 시키려는 생각이었다. 그러나 아들은 컴퓨터 학원에 다니고 나서도 타자 연습을 하지 않았다. 배울 의지가 없는 아이를 억지로 학원에 다니게 했으니 아무런 효과를 거둘 수 없었다.

아이를 통해 부모의 단점을 본다는 것은 가슴 아픈 일이다. 부모는 자신의 단점을 아이가 물려받지 않기를 바란다.

부모는 편견을 갖고 있지만, 아이는 편견을 갖지 않고 사물을 보는 시각을 갖기 바란다. 또한 부모는 친구의 마음을 얻기 위해 술과 저녁식사를 사지만, 아이는 과자나 장난감으로 친구의 환심을 사지 않기를 바란다.

아이가 마음에 들지 않을 때는 친구가 될 준비를 하라

우리 아들은 초등학교 5학년 때 성적도 나쁘고 친구들과도 잘 어울리지 못해 매우 힘들어했다. 또 책가방이 무겁다고 불평하면서 학교에서 가져오지 않았고, 친구들이 자기를 놀린다고 씩씩거렸다. 마치 내 자신이 아이의 입장이 된 것 같아서 몹시 힘들었다. 심지어는 내 자신이 한심해 보이고 형편없어 보이기까지 했다. 당시 아들과 나는 그야말로 패배자 같았다. 아들이 패배자처럼 보인다고 불평하자 친구가 이런 말을 해주었다.

"지금 아들의 상황을 떠올려 봐. 아들이 엄마를 패배자로 보이게 만드는 사람이라는 걸 떠나서 자신의 힘든 생활에서 벗어나기 위해 무척 애쓰는 소년이고, 교실에서 자기를 좋아하지 않는 친구들과 같이 앉아 있기가 얼마나 힘들지, 또 네가 사랑하는 아이가 새로 전학을 간 학교에서 왕따를 당하고 있는 상황을 생각해 봐."

그 말을 듣자 정신이 번쩍 들었다. 그래서 아들을 비난하기보다는 친구가 되기 위해 노력하자 분노의 감정이 사라지고 조금씩 공감되기 시작했다. 한편으로, 아들의 공부에 신경을 써주었더니 아들의 문제점은 점점 좋아졌다.

몇 년이 지나자 아들은 학교생활에 잘 적응했고, 나한테도 고마워했다. 하지만 그렇게 될 때까지 아들과 나는 인고의 세월을 보내야 했다.

부모가 간섭할수록 아이의 독립심은 점점 멀어진다

가족이 외출하기 직전 지성이네 가족의 대화 내용이다.

> **엄마** 양치질은 했니?
>
> **지성** 네.
>
> **엄마** 화장실은?
>
> **지성** 아뇨.

> **엄마**   그럼 지금 갔다 와.
>
> **지성**   알았어요.
>
> **엄마**   내복을 입고 스웨터를 입어. 밖에 많이 추워.
>
> **지성**   싫어요. 내복은 안 입을래요.
>
> **엄마**   밖이 춥다니까.
>
> **지성**   괜찮아요.
>
> **엄마**   안 입으면 후회한다. 아마 춥다고 난리칠 걸.
>
> **지성**   안 그럴 거예요.

어느 가정에서든 벌어지는 일상적인 대화 내용이다. 부모는 아이를 위한다고 얘기하지만, 아이는 쓸데없는 간섭으로 받아들인다. 고마워하는 마음은 전혀 없다. 어떤 아이는 "제발 날 내버려둬요. 내가 알아서 한다니까요."라고 말대꾸하기도 한다.

물론 엄마 말에 순종적인 아이도 많다. 어쨌거나 부모가 아이의 일에 필요 이상으로 간섭하면 아이의 능력은 그만큼 줄어들게 된다. 그러므로 부모가 해야 할 일은 아이에게 책임감과 자신감을 심어주는 일이다. 그 외에는 아이가 해야 할 일이다. 부모가 아이를 위해 무수히 많은 일을 함으로써 아이 스스로 할 수 있는 능력까지 빼앗아버려서는 안 된다.

아이를 위해 하루 동안 당신이 하는 일의 목록을 적어보자. 그리고 굳이 당신이 하지 않아도 될 일이 있는지 살펴본다. 다음은 어느 엄마가 여덟 살 아들을 위해 해야 할 일을 작성한 목록이다.

- 아침에 깨워주기
- 학교에 입고 갈 옷을 챙겨주기
- 아침 식사 차려주기
- 양치질했는지 물어보기
- 머리 빗겨주기
- 학교 가방 챙겨주기
- 잊어버리고 간 학교 숙제 갖다 주기
- 하교할 때 학교 교문에 나가 있기
- 집에 왔을 때 가방 받아주기
- 간식 주기
- 학원 가방 챙겨주기
- 체육복 챙겨주기
- 숙제 도와주기
- 장난감 정리하기
- 목욕시키기
- 옷과 양말 빨래 바구니에 넣기

이 목록을 보면 어떤 부모는 아이를 너무 많이 챙겨주고 있다고 생각할 것이고, 또 다른 부모는 그렇게 생각하지 않을 수도 있다. 확실히 말할 수 있는 것은 부모가 챙겨줄수록 아이는 더 부모에게 의지하게 된다는 사실이다. 아이가 부모에게 의지하기를 바라지 않는다면 아이의 독립심을 키워주기 위해 노력해야 한다.

유나 엄마는 열세 살 된 딸과 싸우는 것에 지쳐 있었다. 다음은 유나 엄마가 딸과 옷을 사러 갔을 때 나눈 대화 내용이다.

유나 여기엔 별로 예쁜 게 없어요.

엄마 이것은 어때?

유나 싫어요. 이거 입어볼래요.

엄마 엄마가 보기엔 단정해 보이지도 않고 별로인데. 그건 갖다 놔.

유나 난 이게 좋아요. 엄마가 이 옷 좀 들고 계세요.

(엄마는 유나가 들고 있으라는 옷을 갖다 놓고 다른 옷을 들고 옷을 갈아입으러 탈의실로 들어간 유나를 쫓아갔다.)

엄마 이걸 입어 봐. 이거 멋지다.

유나 제가 보기에 이거는 별로예요.

엄마	별로라고? 제발 그 검은색 바지는 입지 마. 너한테 안 어울릴 것 같아.
유나	아까 들고 있으라고 한 옷은요?
엄마	도로 갖다 놨어.
유나	왜요?
엄마	너한테 맞지 않는 것 같아서.
유나	아! 그러면 그냥 집에 가요. 다른 건 입으나 마나예요.
엄마	저 성질머리하고는. 엄마가 골라준 건 다 싫다는 거야? 사람들한테 네가 어떻게 보이든 상관없다는 거지? 난 내 딸이 저런 옷을 입는 거 싫어. 엄마는 네가 예쁜 옷을 입으면 좋겠는데, 너는 왜 이상한 옷만 고르니?
유나	엄마가 골라주는 옷은 정말 싫어요.

유나 엄마는 나중에 집으로 돌아와 곰곰이 생각해 보았다. 그제야 자신이 딸의 취향을 완전히 무시했다는 생각이 들었다.

대다수 부모들은 아이들에게 '부모 말을 들어야 해. 그래야 좋은 결과를 얻을 수 있어.'라는 생각을 갖고 자신의 뜻을 관철시키려 한다. 그런데 아이 역시 자신의 의도대로 선택하고 행동하고 싶어 하는 존재이므로 부모와 아이 사이에는 마찰이 생길 수밖에 없다.

아무리 부모라도 마음대로 아이를 휘두를 수는 없다. 아이들의 주요 과제는 부모로부터 독립하는 것이다.

아이 스스로 할 때까지 기다리면
불필요한 싸움이 줄어든다

《부모와 아이 사이》의 저자 하임 기너트가 어느 청년의 이야기를 해준 적이 있다. 그 청년은 옷을 사러 가서 "만일 우리 아버지가 이 옷을 마음에 들어 한다면 교환할 건데요, 그래도 되나요?"라고 말했다고 한다. 자녀가 부모로부터 얼마나 독립하고 싶어 하는지 알 수 있는 예이다.

소율 엄마는 열 살 소율이와 둘이서 쇼핑을 했다. 소율이 것으로 파란색 겨울 점퍼를 샀는데, 옷을 살 때 아이도 싫다고 하지 않았다.

다음 날 아침, 학교에 등교하기 위해 분주히 준비하고 있을 때 소율 엄마는 문득 아들에게 옷을 살 때 선택권을 주지 않았다는 사실을 깨달았다.

엄마   오늘은 날씨가 포근하네.

소율   엄마, 그럼 난 빨간색 점퍼를 입을래요. 포근하면 이거 입어
        도 된다고 했잖아요.

엄마   여름 점퍼를 입겠다는 거야? 지금은 11월이야.

소율   엄마가 따뜻한 날은 입어도 된다고 했잖아요.

엄마   안 돼. 지금 그걸 입으면 감기 걸려.

소율   난 빨간색 점퍼가 좋아요. 색깔도 좋고, 주머니도 많고요.
        감기도 안 걸릴 거예요.

엄마   어제 산 파란색 점퍼를 입으면 훨씬 더 멋질 거야.

소율   싫다니까요! 난 뚱뚱해 보이는 거 질색이에요.

'그럼 어제 왜 이 옷 살 때 가만있었니? 어제 이 점퍼 사느라 하
루 종일 쇼핑했잖아. 싫었으면 어제 말했어야지.'

이런 말들이 목구멍까지 올라왔지만 소율 엄마는 겨우 참고 다
시 말했다.

"좋아. 네가 그 점퍼를 꼭 입어야겠다면 그거 입어."

소율이는 씩 웃으며 말했다.

"엄마, 고마워요. 근데 좀 추워 보이긴 해요. 하지만 이렇게 날
씬해 보이는 걸요."

소율 엄마는 그제야 아들이 날씬하게 보이는 것에 얼마나 신경을 쓰는지 알았다. 그후에는 소율이의 선택을 존중해 주었고, 아이는 스스로 선택해서 옷을 입었다.

대다수 부모들은 아이가 옷 입는 것에 신경을 많이 쓴다. 아이에게 옷을 아무거나 입히는 엄마라는 소리를 듣고 싶지 않은 것이다. 그러다 보니 아이가 입는 옷에 일일이 간섭하게 된다. 그런데 옷 입는 것에 있어서만큼은 아이에게 좀 더 많은 자유를 주어야 한다. 아이가 어떤 옷을 입어야 할지 부모가 일일이 결정해 준다면 아이는 점점 더 독립심과는 멀어지게 된다.

기꺼이 아이의 독립심을 허하라!

부모는 음식 문제에서도 아이를 통제하려 한다. 아이가 어떤 음식을 얼마나 먹어야 하는지 알고 있다고 확신에 차 있기 때문이다. 하지만 옷과 마찬가지로 음식도 아이가 선택하도록 해야 한다.

다음은 시금치를 먹고 싶어 하지 않는 여덟 살 선우와 시금치를 조금이라도 먹이려 하는 엄마가 주고받은 대화 내용이다.

> **선우** 오늘 반찬은 뭐예요?
>
> **엄마** 쇠고깃국과 시금치나물, 감자조림이야.
>
> **선우** 난 시금치는 싫어요. 안 먹을래요.
>
> **엄마** 싫어도 먹어야 돼.
>
> **선우** 시금치 싫다니까요!
>
> **엄마** 시금치는 비타민이 풍부한 음식이야.
>
> **선우** 오늘은 시금치를 먹고 싶지 않아요.
>
> **엄마** 안 돼. 많이 먹으라는 거 아니니까 조금만 먹어.

이런 대화가 대다수 가정의 식탁에서 이루어지고 있다. 선우는 시금치를 먹지 않겠다고 하고, 엄마는 먹이려고 하면서 티격태격 하고 있다.

그렇다면 곰곰이 생각해 보자. 선우가 시금치를 먹는 게 그렇게 중요한 일일까? 그리고 선우에게는 음식을 선택할 권리가 없는 걸까? 만일 아이에게 비타민을 먹여야겠으면 꼭 시금치를 고집할 게 아니라, 선우가 좋아하는 다른 채소를 반찬으로 만들면 되는 것이다.

여섯 살 은채는 식성이 까다로워서 잘 먹지 않았다. 무엇이든 먹이고 싶어 하는 엄마와 잘 먹지 않으려는 은채는 늘 먹는 문제로 실랑이를 벌였다. 음식 문제로 아이와의 다툼이 반복되자 은

채 엄마는 다른 방법을 쓰기로 마음먹었다.

> **엄마**   은채야, 네가 잘 먹지 않아서 엄마가 속상해하는 거 알지?
> 엄마가 생각했는데 너한테 너무 먹이려고 한 것 같아. 그래
> 서 말인데, 이제부터 네가 먹고 싶은 만큼만 먹어. 엄마도
> 잔소리하지 않을게.
>
> **은채**   (믿지 못하겠다는 얼굴로) 정말요? 좋아요.
>
> (다음 날 아침 식사 때 은채 엄마는 은채 앞에 토스트 한 조각을 내놓았다.
> 은채는 가만히 엄마 눈치를 보다가 반 조각만 먹었다.)
>
> **엄마**   다 먹었니? (이전에는 이러한 질문을 한 적이 없었다.)
>
> **은채**   네.
>
> **엄마**   좋아. 충분히 먹은 거지?

은채에게 스스로 식사량을 정하도록 하고 나니 식사 시간에 엄마와 은채가 실랑이를 벌이는 일이 없어졌다. 은채 엄마의 걱정과는 달리 은채는 많이 먹지 않아도 활동적이었고, 키도 또래에 비해 작지 않았다. 그리고 엄마가 은채에게 조금이라도 더 먹이려고 하는 부담감을 덜어내고 나자 은채는 식사 시간을 즐겁게 생각하게 되었다.

부모가 간섭할수록 반대로 하는, '아이는 청개구리'

열 살 승하는 아침에는 입맛이 없다면서 아침밥을 먹지 않으려고 했다. 그러자 엄마는 승하에게 일주일치 아침식사 메뉴를 정하도록 했다.

"승하야, 여기에 네가 원하는 아침식사 메뉴를 적어봐. 그러면 엄마가 아침마다 만들어줄게. 단, 영양가가 있어야 해."

선택권을 주자 승하는 스스로 메뉴를 정했고 아침식사도 불평 없이 맛있게 먹었다.

아이에게 독립할 기회를 주면 정작 아이는 혼란스러워할 수도 있다. 스스로 결정하기를 원하면서도 막상 하라고 하면 자신의 결정에 자신 없어 하는 것이다. 그래서 부모의 생각을 묻기도 하는데, 그럴 때는 유머러스하게 대답하는 것이 좋다.

> **건우** 엄마, 수학 숙제 좀 봐주세요.
>
> **엄마** 어디 보자, 곱셈 문제에서 세 개나 틀렸네.
>
> (건우 엄마는 건우에게 설명을 해주었고, 건우는 다시 풀었다.)

> **건우** 그런데 선생님은 이렇게 안 가르쳐주셨는데요?
>
> **엄마** 그러면 선생님이 알려주신 대로 해.
>
> **건우** 아니에요. 엄마가 알려준 대로 했으니까 틀리면 엄마가 책임지세요.

건우와 엄마는 그 문제를 푸는 방법을 두고 언성을 높였다. 마침내 건우는 화가 나서 엄마에게 소리쳤다.

"엄마가 우리 학교 선생님이 아닌 게 정말 다행이에요. 완전 해고감이에요!"

건우 엄마는 기가 막혔지만 즉시 대응하지 않았다. 건우에게 자신의 도움이 별로 소용없다는 것을 깨달은 그녀는 두 손을 번쩍 들고 유머러스하게 소리쳤다.

"오! 하느님, 다시는 건우 숙제를 봐주지 않도록 저한테 절제할 수 있는 힘을 주소서."

그 말을 들은 건우의 얼굴이 미소로 환해졌다. 결국 건우는 수학 숙제를 다 해가지 못한 채 학교에 가서 선생님의 도움을 받아 문제를 풀었다.

부모가 간섭할수록 아이는 하지 않으려고 하기 때문에 차라리 혼자 하라고 놔두는 편이 낫다.

그런데 아이는 부모에게 도움을 요청했으면서도 왜 부모의 도움을 고맙게 생각하지 않을까? 모순적인 행동이지만, 아이가 이렇게 행동하는 데는 이유가 있다. 아이는 부모의 도움을 절실하게 필요로 하지만, 그걸 받아들이면 자신은 무능하다는 것을 자각하게 된다. '엄마 아빠는 아는데, 나는 왜 모르지? 내가 바보인가?'라는 생각을 무의식 중에 하는 것이다.

그럴 때는 아이 혼자서도 할 수 있다는 말과 함께, 아이가 부모의 도움을 받고 있다는 생각이 들지 않을 정도로 조금씩 도움을 주면 된다. 아이가 부모의 도움을 필요로 한다고 해서 팔 걷어붙이고 본격적인 도움을 주는 것보다 훨씬 더 효과적이다.

부모의 조바심,
아이의 독립심을 방해한다

부모가 대답을 잘해 줄수록 부모에 대한 아이의 신뢰는 높아진다. 그런데 만일 아이가 부모의 도움을 요청하는 것을 예민하게 생각한다면, 아이 스스로 그 일을 결정할 능력이 충분하다는 것을 일깨워줄 필요도 있다.

지영 엄마는 열두 살 지영이가 독립심을 갖도록 애쓰는 중이다.

지영 엄마, 오늘은 목욕을 하지 말까? 숙제도 많고, 9시에는 꼭 봐야 할 텔레비전 프로그램도 있는데.

엄마 그건 네가 알아서 해.

지영 엄마가 결정해 줘. 난 아직 초등학생이잖아.

엄마 무슨 소리야! 넌 그 정도는 충분히 결정할 수 있어. 잘 생각하면 어떻게 해야 할지 답이 나올 거야.

지영 그럼 얼른 목욕부터 해야겠다.

목욕을 하느냐 마느냐와 같은 사소한 문제라 해도 자신이 결정을 내리면 스스로를 유능한 사람으로 느낀다. 부모라면 아이가 책임감 있고 능력이 있으며 자신에 차 있는 어른이 되기를 바랄 것이다. 그러기 위해서는 아이 스스로 문제를 해결할 수 있는 기회를 충분히 주어야 한다. 그런 기회를 주지 않은 채 하루아침에 아이가 변하기를 바라서는 안 된다.

흔히 책임감 있는 아이란 자기가 잔 이불을 개고, 자신의 일을 미루지 않고 그때그때 하며, 부모를 도와 식탁을 정리하는 등 일상의 자질구레한 일을 잘하는 아이라고 생각한다. 물론 이런 일을 잘하는 아이가 책임감이 강할 수도 있지만, 일이 잘못되었을 때 무엇을 해야 할지 아는 아이 또한 책임감 있는 아이라 할 수 있다. 어떤 문제가 터졌을 때 여러 가지 방법을 생각해 보고 거기서 최선의 해결책을 찾는 것이다. 그런 능력은 아이가 스스로 결정할 수 있는 일이 많아질 때 생긴다.

보라 엄마는 보라가 막 걷기 시작할 때부터 스스로 선택할 수 있게 해주었다. 보라가 일곱 살이었을 때 백화점에서 엄마를 잃어버린 적이 있는데, 아이는 당황하지 않고 안내데스크를 찾아갔다. 비록 어린 나이였지만 문제가 생겼을 때 어떻게 해야 하는지 알고 있었다.

윤지는 냉장고 문을 열었는데 우유가 없자 엄마에게 이렇게 말했다.

"엄마, 냉장고에 우유가 없어요. 지금 사갖고 올까요?"

"그래 줄래? 정말 고맙다."

냉장고에 우유가 없을 때 엄마에게 불평을 할 수도 있지만, 윤지는 그럴 때는 직접 가서 사오는 게 가장 좋은 방법이라는 걸 알고 있었다.

부모가 알고 있는 것보다
아이는 할 수 있는 일들이 많다

어떤 일이든 아이 스스로 하게 하면 깜짝 놀랄 만한 일들이 많이 벌어진다. 여덟 살 미나는 시무룩한 얼굴로 학교에서 돌아와 엄마에게 불평을 쏟아냈다.

미나 엄마, 주원이가 풍선껌을 불다가 내 머리에 풍선껌을 붙였
어요. 그걸 떼어내느라 선생님이 가위로 머리카락을 조금
잘랐고요. 엄마가 주원이 엄마한테 전화해서 혼내주라고 하
세요.

엄마 엄마가 본 것도 아니고, 엄마는 주원이 엄마를 잘 몰라.

미나 이 일은 주원이 엄마가 꼭 알아야 해요. 학교에 전화 걸어서
알아보면 되잖아요. 엄마가 안 하면 내가 할 거예요.

(미나 엄마는 엄마가 하지 않으면 미나가 직접 하겠다는 말에 놀랐다. 한편
으로는 혹시나 주원이 엄마한테 미나가 고자질쟁이로 비칠까 봐 염려되기
도 했다. 미나 엄마는 주원이네 전화번호를 알아봤고, 미나는 주원이네 집
으로 전화를 걸었다.)

미나 여보세요? 주원이네죠? 안녕하세요. 저는 주원이와 같은 반
친구 미나예요. 주원이가 제 머리에 껌을 붙였어요…… . 지
금은 괜찮아요. 선생님이 머리카락을 조금 잘라 주셨거든
요. 네, 좋아요…… . 감사합니다.

(전화를 끊은 미나는 왠지 모를 자신감에 차 있었다. 엄마는 미나를 칭찬해
주었다.)

엄마 우리 미나가 다 컸구나. 이제 혼자서도 잘하네. 정말 어려운
일인데 잘했어.

미나 네, 엄마.

부모가 아이 스스로 하게끔 하는 것은 아이를 믿기 때문이다. 아이를 믿지 못하면 사사건건 간섭할 수밖에 없다. 혹시나 아이가 실수하거나 실패할까 봐 아이에게 전적으로 맡기지 못하는 것이다.

하지만 아이들은 부모가 생각하는 것 이상으로 많은 능력을 갖고 있다. 가끔 아이가 생각지도 않게 공부를 잘하거나 어떤 일을 해내서 놀란 경험이 있을 것이다. 아이를 믿어보자. 아이가 자신의 능력을 힘껏 펼치도록 지켜보자.

부모의 조바심만 버리면 아이 혼자 해결할 수 있다

찬이 부모는 아침에 찬이를 깨우느라 진이 다 빠졌다. 알람을 맞추어놔도 소용이 없었다. 어느 날 아빠는 찬이와 이 문제를 놓고 이야기하기로 마음먹었다.

> **아빠** 찬아, 아침마다 일어나는 문제로 언성이 높아지는데, 우리 얘기 좀 하자. 넌 엄마 아빠가 어떻게 해주길 바라니?
>
> **찬** 아빠가 너무 일찍 깨우는 거예요. 졸려 죽겠는데, 정말 힘들

다고요. 물론 일찍 일어나면 좋긴 하지만요.

아빠 좋아. 우리가 서로 싸우지 않으려면 어떻게 해야 할까?

찬 7시 15분에 일어날게요. 책가방이나 입고 갈 옷은 전날 밤에 다 준비해 놓고요. 이제는 아빠가 2분 간격으로 오시지 않아도 돼요.

아빠 정말이지? 넌 밤에 다 준비를 해놓고, 아빠는 잔소리를 하지 않을 거다. 이제부터는 네가 알아서 하렴.

찬이는 그날 밤 다음 날 입고 갈 옷을 꺼내서 의자에 걸어놓았다. 다음 날 아침, 아빠는 몇 번이나 찬이를 깨우러 가고 싶었지만 그렇게 하지 않았다. 찬이 누나가 등교하려고 집을 나서는 순간 찬이 방에서 소리가 났다. 찬이 아빠는 당장이라도 그 방에 대고 서두르라고 소리를 지르고 싶은 마음을 가까스로 참았다. 찬이는 헐레벌떡 달려나와 밥을 먹는 둥 마는 둥하더니 "다녀오겠습니다."라는 인사만 하고 부리나케 현관을 나섰다. 참으로 오랜만에 찬이와 싸우지 않고 보낸 아침이었다.

부모는 아이가 자신의 행동으로 인한 결과를 통해 뭔가를 배우기를 바라지만 어쩔 수 없이 부모가 져야 할 책임도 있다. 부모가 개입해서 해결해 줘야 하는 것이다. 그러나 가능하면 희생을 치르더라도 아이 혼자 해결할 수 있도록 해야 한다.

열한 살 지훈이는 버스카드를 잃어버렸다고 엄마에게 전화를 했다. 지훈이는 돈이 없었고, 학교에서 집까지는 일곱 정거장이나 되었다. 지훈이가 엄마에게 전화를 걸었을 때 지훈 엄마는 모든 일을 제쳐두고 아이 학교로 가야 한다는 사실에 화가 났다. 그 순간 지훈 엄마는 이것은 아들 혼자 해결해야 할 문제라는 데 생각이 미쳤다.

> **지훈** 엄마, 버스카드를 잃어버렸어요.
>
> **엄마** 어떡하니?
>
> **지훈** 어떻게 해야 해요?
>
> **엄마** 글쎄다, 넌 어떻게 할 건데?
>
> **지훈** (잠시 침묵하더니) 걸어가야겠죠.
>
> **엄마** 그럼 그렇게 하렴.

엄마로서 아이가 곤경에 처했을 때 외면하기란 쉬운 일이 아니다. 평소에 숨어 있던 '좋은 엄마'로서의 본성이 작동하기 때문이다. 아이가 학교에서 집까지 걸어오면 시간이 걸릴 테고, 학원에 지각할 수도 있다. 하지만 아이는 이 일을 통해 뭔가를 배울 것이다. 그후로 지훈이는 버스카드를 잃어버리지 않았다. 이 사건이 전환점이 된 건 물론이다.

도윤이네 가족은 해변으로 휴가를 떠났다. 아이들이 바닷가에서 즐겁게 놀 거라는 부모의 기대와 달리 아이들은 숙소에서 카드놀이를 하고 좀처럼 나오지 않았다. 도윤 엄마는 커튼을 열어젖히며 아이들에게 밖으로 나가자고 말했다.

"날씨가 얼마나 좋은데 방에만 있니? 밖으로 나가서 놀자."

"엄마, 제발 커튼 좀 닫으세요. 눈이 부셔서 뜰 수가 없어요."

그 말을 듣는 순간, 도윤 엄마 입에서는 하마터면 아이들을 향해 설교가 나올 뻔했다. 여기 오기 위해 얼마나 많은 돈을 들였는지, 겨우 카드놀이나 하기 위해 여기까지 왔는지, 그런 건 집에서도 할 수 있다는 잔소리가 목구멍까지 올라왔다. 그런데 그때 도윤 엄마는 아이들도 아이들 방법대로 휴가를 즐겨야 한다는 사실을 깨달았다. 아이들은 숙소의 컴컴한 방에서 보내기를 원했던 것이다. 도윤 엄마는 해변에서 일광욕을 했고, 아이들은 방에서 카드놀이를 하며 쉬었다. 그렇게 이틀을 지내자 아이들도 밖으로 나와 수영을 하고 일광욕을 즐겼다.

아이들의 선택을 존중해 주어야 한다. 그러려면 아이를 간섭하고 싶은 부모의 조바심을 버릴 필요가 있다.

아이의 독립심은
사소한 일에서부터 길러진다

건우   아빠, 오늘 아침 계란 프라이는 내가 할게요.

아빠   그래라.

(건우가 프라이팬을 너무 달군 다음 계란을 넣어서 계란이 타고 말았다.)

건우   아빠, 너무 오래 두어서 계란이 타버렸어요.

아빠   그랬구나.

(건우는 타버린 계란 프라이를 접시에 담더니 한 입 먹었다.)

건우   우와! 이거 많이 탔네요. 금방 꺼냈어야 했는데.

아빠   그랬으면 좋았겠지? 아마 불이 너무 셌던 것 같구나.

건우   이건 못 먹겠어요. 우유만 먹을래요. 그래도 내일 다시 도전

해 볼 거예요.

아빠   그러렴. 아빠 것도 해주면 좋겠구나.

건우 아빠는 여덟 살밖에 안 된 건우가 한 번도 해보지 않았던 계란 프라이를 하겠다고 하자 승낙했다. 건우는 실패했지만 건우 아빠는 아들에게 어떤 충고도 하지 않았다. 건우가 무엇이 잘못되었나 짚어볼 때 가만히 지켜보기만 했다. 아마 건우가 계란 프라이를 만들 때 아빠가 잔소리를 했다면 아이는 어떤 잘못을 했는지 돌아보기는커녕 화만 냈을 것이다. 아빠는 건우가 스스로 깨닫도록 했고, 아이는 오늘의 실패를 성공의 발판으로 삼아 다음 날 다시 도전하겠다는 결심을 했다.

세정이 엄마는 세정이가 도움을 요청했는데도 거절함으로써 딸이 스스로 할 수 있게 했다.

> **세정** 엄마, 이번 주 피아노 레슨을 목요일로 옮기고 싶은데 엄마가 선생님께 전화 좀 해주세요. 수요일에는 학교에서 현장학습을 가느라 좀 늦을 것 같아요.
>
> **엄마** 네가 전화하렴. 선생님 전화번호는 너도 알고 있잖아.
>
> **세정** 엄마가 말씀해 주세요. 별로 힘든 일도 아니잖아요.
>
> **엄마** 그러니까 네가 해. 엄마가 레슨을 받는 것도 아니잖니.

세정이 엄마는 끝까지 전화하지 않았다. 결국 세정이는 선생님께 직접 전화를 해서 레슨 시간을 바꾸었다. 그날 이후로 세정이는 엄마한테 부탁하는 횟수가 줄어들었다. 혼자 할 수 있는 일이 많아지자 자신감이 붙은 것은 물론이다.

아이가 실수할 때 모르는 척하기!

태현 엄마, 여기에 놔두었던 책 봤어요? 월요일에 제출할 숙제를 하려고 도서관에서 빌려온 책인데요.

엄마 못 봤어. 혹시 학교에 놔둔 거 아니니? 오늘 학교 갈 때 안 가지고 갔어?

태현 안 가지고 갔어요. 분명히 여기에 놨다고요.

엄마 글쎄다. 아침에 청소할 때 못 봤는데.

태현 잃어버리면 안 되는 책인데. 그럼 학교에 가서 찾아봐야겠네요. 엄마, 같이 가요.

엄마 자전거 타고 혼자 다녀오렴.

태현 싫어요. 엄마랑 같이 갈래요. 지금 꼭 필요한 책이라고요.

엄마 엄마도 안 돼.

태현 할 수 없죠, 뭐. 알았어요.

태현이는 책을 찾으러 학교에 가지 않았다. 대신 백과사전을 보고 숙제를 끝마쳤다.

태현 엄마는 태현이가 엄마에게 크게 불만을 품지도 않고 또 의존하지도 않으면서 숙제를 했다는 사실에 놀랐다. 그렇다고 모든 아이가 태현이처럼 부모가 도와주지 않아도 문제를 해결할 수 있는 건 아니다.

만일 태현 엄마가 학교에 갔다면 어떤 상황이 벌어졌을까? 아마 태현 엄마는 "왜 네 숙제를 하는데 엄마가 도와주어야 하니?"라고 태현이에게 잔소리를 했을 것이다. 그렇게 잔소리를 하면서도 아이 숙제가 자신의 숙제라도 되는 것처럼 여기며 그 일을 다 해주었을 것이다.

부모가 할 수 있는 일인데도 하지 않기란 정말 힘들다. 내 아이를 위한 일이라면 더더욱 그렇다. 또 아이러니하게도 아이가 부모의 도움 없이 혼자 해내면 묘하게 상실감이 들기도 한다.

어느 부모가 아이의 홀로서기 과정을 이야기해 준 적이 있는데, 묵묵히 바라봐주는 부모의 역할이 얼마나 힘든 일인지 알 수 있다.

"먼저 저 자신이 변해야 한다는 걸 알았어요. 아이의 문제를 일일이 해결해 주지 않고 단지 듣기만 했어요. 그리고 문제는 아이가 스스로 해결하도록 했죠. 좋은 부모란 아이의 문제를 모두 해결해 주는 부모가 아니라, 답답하더라도 아이가 스스로 하게 내버려두고, 그 과정에서 아이의 실수도 지켜보고 아이가 어떻게 문제를 풀어가는지 묵묵히 바라봐 주는 부모라는 사실을 깨달았어요. 아이가 실수할 때 모르는 척해야 하는데, 가만있기란 정말 어려운 일이죠. 이렇게 말로 하는 것은 쉬운데 현실에서 부딪히면 매우 힘들어요."

부모라면 아이들이 사이좋게 지내기를 꿈꾸지만,
그런 일이 현실이 될 확률은 몹시 낮다.
형제자매 간의 다툼은 부모를 지치게 한다.
부모가 아이들 하나하나를 공정하게 대하고 어느 누구도 편애하지 않는다면,
아이들은 부모의 사랑을 차지하기 위해 싸우지 않게 될까?
누가 더 많이 가지려고도 하지 않고, 누가 먼저 가지려고도 하지 않을까?
절대 그렇지 않다. 부모가 아무리 공평하게 아이들을 대한다 해도
아이들은 공평하다고 생각하지 않는다.

7장

형제자매 간의
싸움은 줄이고
형제애를 늘리는
대화법

그럼에도 불구하고
형제자매는 가장 가까운 친구다

아이들이 크면서 형제들과 싸우지 않는 경우가 있을까? 아이들
이 싸우지 않기를 원한다면 아이를 하나만 낳으면 된다.

부모가 둘째아이를 낳는 이유 중 하나는 첫째아이가 너무 외롭
다고 느끼기 때문이다. 그런데 첫째가 둘째를 때리거나 "너 죽어
버렸으면 좋겠어."라고 적개심에 찬 얼굴로 말하면 충격을 받지
않을 수 없다. 그야말로 아이들이 서로 싸우지 않고 잘 지낼 것이
라는 꿈이 산산조각이 나는 순간이다.

부모의 사랑을 독차지하고 싶어서 아이들은 싸운다

서로 싸워서 씩씩거리는 아이들을 화해시킬 때 부모는 은연중

에 어느 한 아이의 편을 들고는 한다.

"네가 형이니까 양보해야지. 동생을 그렇게 때리면 어떡하니?"

"네가 먼저 형을 화나게 했잖아."

무엇보다 중립을 지켜야 할 부모가 어느 한쪽에 치우친 말을 하면 편든 아이는 의기양양해지고, 상대 아이는 씩씩거리게 된다.

열 살 준하가 엄마에게 달려와서 일렀다.

> 준하   엄마, 형이 내 배를 찼어요.
>
> 엄마   너희들 정말 이럴래? 이번에는 누가 먼저 시작했어?
>
> 준하   형이 내 방에 들어와서 그랬어요.
>
> 엄마   준섭아, 너 동생과 떨어져 앉아. 자꾸 붙으니까 그렇잖아.
>
> 준섭   어휴, 이 고자질쟁이!
>
> 준하   형이 먼저 때렸잖아.
>
> 엄마   또 싸우려면 당장 떨어져.
>
> 준섭   엄마, 난 아무 짓도 안 했어요. 엄만 날마다 나만 갖고 그래.
>
> 엄마   네가 형이니까 더 잘할 수 있잖아.

중립에 서야 할 엄마가 "이번에는 누가 먼저 시작했어?"라고 묻는 것은 한 아이를 책망하겠다는 뜻이다. 이와 같이 시

시비비를 가리면 다음 싸움까지 예약해 놓은 것과 같다. 왜냐하면 이번에 진 아이는 다음번에는 꼭 이기고 싶어 하기 때문이다.

아이들은 부모의 사랑을 독차지하기 위해 서로 경쟁을 한다. 부모의 사랑을 독차지하고 싶은 것이다.

> **성윤**　엄마, 나부터 재워줄 거지?
>
> **엄마**　그럴게.
>
> **성민**　아냐. 오늘은 나부터 재워줘요.
>
> **성윤**　내가 먼저 재워 달라고 했거든.
>
> **엄마**　그랬지. 성윤이 말이 맞아.
>
> **성민**　엄만 항상 성윤이 편만 들어. 불공평해.
>
> **엄마**　그런 적 없는데. 오늘 밤만 성윤이부터 재우는 거야.
>
> **성민**　아냐. 늘 그랬어요.

성민이는 뾰로통한 얼굴로 토라졌고, 성윤이는 승리라도 한 것처럼 환하게 웃었다. 이런 식의 싸움은 다음 날도 계속되었다.

한편 아빠도 성민이와 성윤이 사이에서 어쩔 줄 몰라 했다. 아빠가 성민이만 데리고 마트에 가서 빙수 재료를 사갖고 와서 빙수를 만들 준비를 하고 있었다.

> **성윤** 아빠, 왜 나는 빼놓고 다녀오셨어요. 나도 마트에 가고 싶었
> 는데.
>
> **아빠** 미안. 빙수는 다 같이 만들면 되지.
>
> **성민** 얼음 가는 건 내가 할 거야.
>
> **성윤** 아냐, 내가 할래. 내가 먼저 집었잖아.
>
> **아빠** 너희들 서로 싸우면 아빠가 해야겠다.
>
> (그러자 두 아이는 그건 안 된다고 소리를 질렀다.)
>
> **아빠** 이젠 뭐를 해야 할까? 팥을 얼마나 넣어야 하지?
>
> **성윤** 내가 넣을게요. 얼마나 넣을까요?
>
> **성민** 그럼 내가 얼음을 갈 거야.
>
> (성윤이와 성민이는 빙수를 다 만들 때까지 서로 자기가 하겠다고 티격태
> 격했다.)

성민이와 성윤이의 다툼은 어느 가정에서나 흔히 볼 수 있다. 주도권을 잡기 위한 형제자매의 다툼은 당연한 일이다. 아이들이 싸우는 것은 부모가 교통정리를 못해서가 아니다. 그야말로 아이들은 경쟁하면서 싸우고 또 화해하면서 성장한다.

채아는 여동생과 잘 지내는 편이다. 그런데 채아의 일기를 보고 나서야 엄마는 채아가 동생을 질투한다는 것을 알게 되었다. 어느 날 학교 선생님과 상담하는데 선생님께서 채아의 일기장을 보여 주었다. 채아의 일기장에는 이렇게 씌어 있었다.

"엄마는 내 딸랑이를 채연이에게 주라고 했다. 나는 주고 싶지 않았다."

일기를 읽은 채아 엄마는 딸의 마음이 이해가 되지 않아서 선생님께 이렇게 말했다.

"지금 채아는 여덟 살이에요. 여덟 살인 애한테 딸랑이가 왜 필요하겠어요?"

하지만 집으로 돌아오는 내내 생각해 보니, 엄마가 아기한테만 신경을 쏟아서 채아가 소외감을 느꼈을 것이라는 생각이 들었다. 그래서 그날 밤 채아가 잠든 사이에 딸랑이와 편지를 채아의 침대 옆에 놓았다.

사랑하는 딸 채아에게

미안해. 엄마가 너한테 묻지도 않고 네 딸랑이를 동생한테 주었구나.

딸랑이를 네가 그토록 소중하게 여긴다는 걸 엄마는 몰랐단다.

그래서 돌려주는 거야. 동생한테는 산타할아버지께서 선물로 주시겠지.

―너를 이 세상에서 가장 사랑하는 엄마가

아침에 일어나 딸랑이와 엄마의 편지를 본 채아는 "엄마, 딸랑이를 돌려줘서 고마워요. 사랑해요."라고 말했다.

아이들 싸움에 부모의 개입은 금물!

형제자매들이 부모의 사랑을 얻기 위해서 말다툼을 하거나 치고받고 싸운다는 것을 인정한다면, 과연 부모들은 어떻게 해야 할까? 먼저 싸움의 양상이나 정도를 파악하고, 그 다음에는 싸움에 개입하지 않도록 노력해야 하며, 마지막으로는 싸움에 꼭 개입을 해야 한다면 중립을 지키되 효과적으로 해야 한다. 더불어 싸움 일기를 쓰는 것도 바람직하다.

싸움 일기란 아이들이 싸울 때마다 기록하는 것이다. 물론 하루 종일 쫓아다니면서 아이들을 관찰할 수는 없다. 다만 며칠 동안이라도 아이들이 왜 싸우고 어떻게 끝내는지, 언제 싸우고 언제 싸우지 않는지 기록하다 보면 몰랐던 사실을 발견할 수 있다.

어떤 부모는 겨우 이틀을 기록했는데도 놀라운 사실을 발견했다고 한다. 아홉 살 큰아이와 일곱 살 작은아이는 엄마가 곁에 있을 때는 자주 싸우고, 둘이 있으면 덜 싸운다는 사실을 발견한 것이다. 그 일을 통해 아이들이 싸우는 것은 은연중에 부모를 싸움에 끌어들여 자기 편으로 만들기 위한 것이라는 걸 알게 되었다고 한다.

싸움 일기를 써야 하는 또 다른 이유는 부모가 관찰자 입장에 있다 보면 중립을 지킬 수 있기 때문이다. 부모가 중립을 지키기란 쉽지 않지만 개입하지 않고 관찰하다 보면 객관적이 될 수 있다. 어떤 엄마는 싸움을 지켜보면서 기록했는데, 불과 며칠 사이에 아이들이 싸우는 횟수와 싸우는 시간이 현저히 줄었다는 사실을 알게 되었다.

다음은 두 아이의 엄마가 아이들 방에서 다투는 소리에 잠에서 깨어나 들은 대화 내용이다.

> **재용** 내 생일파티에 형은 참석하지 마.
>
> **재훈** 아니. 난 네 생일파티를 기다리고 있는 걸.
>
> **재용** 뭐? 나는 형을 끼워줄 생각이 없는데.
>
> **재훈** 너 죽을래? 이 멍청아!

평소 같았으면 한바탕 소리를 치며 혼내고 화해시켰을 테지만, 엄마는 나가지 않았다. 그런데 얼마 뒤 형제는 욕실에 들어가 사이좋게 샤워를 하고 나왔다. 그 엄마는 다음과 같이 말했다.

"그때 비로소 깨달았어요. 아이들은 싸움을 즐긴다는 걸요. 한 번은 작은애가 형한테 보드게임을 하자고 하더라고요. 그러니까 큰애가 자기는 친구하고만 한다고 대답하더군요. 그래도 작은애가 자꾸 하자고 조르니까 '알았어. 내가 그냥 농담 한번 해봤어.'라

내가 너를 꼼짝 못하게 하는 걸 좋아한다고 생각하니?

내가 단지 누나이기 때문에 네게 이래라저래라 한다고 생각하니? 솔직히 말해 봐.

넌 정말로 내가 그렇게 하는 걸 좋아한다고 생각하니?

응.

너 그걸 어떻게 알았니?

는 거예요. 그러자 작은애가 '나도 알아. 내가 형의 가장 친한 친구라는 거.'라고 말하며 웃었어요. 금세 싸우다가도 화해하는 모습을 보면서, 부모가 끼어들지 않을 때 아이들이 훨씬 더 잘 지낸다는 걸 알게 된 거죠."

부모만 개입하지 않아도
아이들이 싸우는 횟수가 줄어든다

다음은 끊임없이 싸우는 두 자매의 대화 내용이다. 처음에는 엄마가 아이들 싸움에 일일이 개입했지만, 그래봤자 아이들 싸움이 더 커진다는 것을 깨닫고는 더 이상 끼어들지 않자, 아이들이 스스로 해결 방법을 찾아나갔다.

수영	언니, 왜 내 옷을 입었어?
엄마	이거 원래 내 거였어.
수영	내 거야. 빨리 벗어.
엄마	너희들 무슨 일로 그러니?
아영	수영이가 자기 옷이라고 벗으래요. 이 옷 내 거잖아요.

수영 무슨 소리야? 이거 언니가 나한테 준 옷이잖아.

아영 난 준 적 없어. 거짓말쟁이! 난 안 벗을 거야.

엄마 아영아, 동생한테 벗어줘.

아영 엄만 항상 수영이 편만 들더라. 한 번도 내 편을 든 적이 없어. 나보다 수영이를 더 사랑하나 봐.

엄마 아냐. 둘 다 똑같이 사랑해. 수영아, 네가 양보하렴.

수영 내가 왜요? 난 양보하기 싫어요.

엄마 좋아. 너희들 둘 다 방으로 가. 그 옷은 내가 가져야겠다. 그래야 너희들 싸움이 끝날 것 같구나.

(자신이 중간에 개입하면서 언쟁이 커졌다는 걸 깨달은 엄마는 싸움에 끼어들지 않겠다고 다짐했다. 며칠이 지난 뒤 또다시 언성이 높아졌다.)

수영 언니, 라디오 볼륨 좀 줄여줄래? 너무 커서 내가 음악을 들을 수가 없어.

아영 네가 너무 크게 틀어놔서 나도 크게 튼 거야.

수영 소리 좀 줄이라니까!

아영 싫어!

수영 그럼 꺼버린다.

아영 뭐라고? 꺼봐! 나도 네 것을 꺼버릴 테니까.

수영 엄마! 언니한테 라디오 소리 좀 줄이라고 하세요.

아영 아니에요. 수영이가 음악 소리를 줄여야 해요.

(엄마는 나와 보지도 않고 큰 소리로 말했다.)

> **엄마** 알아서 하렴. 너희들끼리 해결해.
>
> (자매는 엄마가 개입하지 않자 서로 이야기를 나누며 해결책을 찾았다.)
>
> **수영** 언니가 먼저 줄여. 그럼 나도 줄일게.
>
> **아영** 좋아. 내가 먼저 줄일게.

엄마가 개입하지 않았다고 해서 아이들이 싸우지 않는 것은 아니다. 그렇지만 엄마가 싸움에 개입하지 않으려는 것을 알고 나서는 의견이 갈릴 때마다 둘이서 해결하고, 싸우는 횟수도 점점 줄어든다는 것을 경험하게 될 것이다.

부모가 개입할수록
아이들의 감정은 나빠진다

　우진이와 고은이는 시도 때도 없이 싸운다. 엄마는 남매가 싸울 때마다 동생 편을 들어서 오빠인 우진이는 늘 씩씩거렸다.

　대다수 부모가 아이들이 싸울 때 나이가 적은 동생보다는 나이가 많은 형이나 오빠를 나무란다. 이 점을 잘 알고 있는 동생은 일부러 형이나 오빠를 곤란한 상황에 빠뜨리기도 한다.

　형이나 오빠는 부모의 지원을 받아 의기양양해진 동생을 보면 더욱 화가 나게 마련이다.

　엄마의 개입으로 두 아이의 싸움이 더 커지자 우진이와 고은이 엄마는 아이들의 싸움에 끼어들지 않겠다고 선언했다.

　"이제 엄마는 너희들 싸움에 끼어들지 않을 거야. 그러니까 앞으로는 너희들 둘이 해결해. 엄마는 너희들이 충분히 그럴 수 있다고 생각해."

엄마가 편을 들어주지 않겠다는 말에 고은이는 화가 나서 말했다.

"엄마, 정말이야?"

"그래. 이제 오빠랑 둘이서 해결하렴."

엄마가 편을 들어주지 않겠다고 하자 고은이는 오빠를 화나게 하는 일이 줄어들었다.

부모가 아이들의 싸움에 개입해야 할 때

부모가 싸움에 끼어들지 않을수록 아이들은 스스로 해결책을 찾아내고, 또 싸움도 점점 줄어들 것이다. 하지만 부모가 나서야 할 때도 분명히 있다. 아이들이 신체적으로 다치게 할 때에는 중재에 나서야 한다. 그런 상황까지 치달으면 아이들 스스로 해결할 수 있는 싸움이 아니다. 이때 부모는 아이들의 행동에 대해 단호하게 선을 그어야 한다.

아이들의 감정에는 너그러울 수 있지만, 그것을 행동으로 옮기는 것에 대해서는 분명하게 선을 그어 못하게 해야 극단적으로 치닫지 않는다. 이는 피해자가 되는 아이뿐만 아니라 가해자가 되는 아이를 위해서도 꼭 필요한 일이다.

한 아이가 형이나 동생에게 심하게 상처를 입혔을 경우, 상처를 입힌 아이는 죄의식에 빠질 수 있다. 형제나 자매를 다치게 했으므로 자기는 매우 나쁜 아이라고 생각하는 것이다.

만일 아이가 깨진 유리를 만지거나 뜨거운 것을 만지려고 할 때 만지지 못하게 하는 것처럼, 아이들이 신체적으로 상처를 줄 때는 서로를 떨어뜨려 놓아야 한다.

"너희 둘이 절대로 해서는 안 되는 게 있는데, 서로 때리는 거야. 너희 둘을 똑같이 사랑하는 엄마 아빠는 그것만은 절대로 용납 못해."라고 선언함으로써 아이들이 서로 때리고 상처를 입히지 못하도록 미리 선을 그어놓을 수 있다.

부모가 아이들의 싸움을 중재하는 법

한결이와 유라 아빠는 아이들의 감정을 인정하는 방법과 아이들에게 해서는 안 되는 일을 정확히 말해 주는 방법으로 싸움을 중재한다.

> **유라** 아빠, 오빠가 날 때렸어요.
>
> **아빠** 오빠가 널 때렸어? 아팠겠구나.

유라	네. 아팠어요.
한결	네가 나더러 돼지라고 했잖아. 아빠, 유라한테 제발 나를 좀 내버려두라고 하세요. 그렇지 않으면 또 때릴 거니까.
아빠	유라가 귀찮게 한다는 건 알아. 그렇다고 때리는 건 안 돼.
한결	아빠, 모르는 소리 마세요. 유라도 날 마구 때려요. 그럼 유라한테도 때리지 말라고 하세요.
아빠	안 되겠다. 너희 둘 다 이리 와서 앉아 봐. 지금 아빠가 몹시 화났거든. 너희 둘 다 때리면 안 된다는 규칙을 어겼어.
유라	오빠가 먼저 때렸다니까요!
한결	내가 언제 그랬어, 이 바보야! 네가 먼저 날 놀렸잖아!
아빠	자자, 조용히 해. 좋아, 서로 때리는 문제를 어떻게 하면 좋을지 말해 봐. 때리는 것 말고 할 수 있는 게 없을까?
한결	말로 하는 거요.
아빠	그거 좋은 생각이구나. 그럼 때리고 싶을 때는 말로 하는 거야. 둘 다 동의하지? 어때, 너희들 지킬 수 있니?
유라	네.
한결	네.

아빠는 아이들의 부정적인 감정을 모두 받아들였지만 잘잘못을 가리지 않았다. 또 "오빠가 먼저 때렸다니까요!", "내가 언제 그랬

어, 이 바보야!"라고 말하면서 아이들이 다시 싸우려고 하는데도 묵묵히 '때리는 문제를 해결한다.'는 것에 초점을 맞추어 중재해 나갔다. 게다가 "어떻게 하면 좋을지 말해 봐."라는 말로 문제를 푸는 것은 아이들 자신이라는 것을 확인시켜 주었다. 이처럼 부모가 윽박지르는 것보다 아이들 스스로 대안을 세우게 하는 게 훨씬 효과적이다.

아이의 격한 감정을 가라앉히는 게 먼저다

아이가 격한 감정일 때는 마음부터 진정시켜야 한다. 여름방학 때 예은이네 집에 사촌들이 놀러 왔다. 사촌들끼리 놀아서 혼자 외톨이가 된 예은이는 엄마에게 불평을 늘어놓았다.

예은 엄마, 아무도 날 끼워주지 않아요. 아빠는 아람이를 데리고 낚시 가셨고, 선화는 사촌들하고만 놀아요.

엄마 우리 딸, 그래서 속상하구나.

예은 네.

엄마 근데 예은아, 너만 혼자가 아니야. 엄마도 지금 혼자란다.

> 엄마가 지금 마트에 갈 건데, 같이 가지 않을래?
>
> **예은** 좋아요!

이런 상황에서는 예은이 혼자 자기가 처한 문제를 해결하기 어렵다. 혼자 남았다는 외로움에 사로잡혀 있는데 그걸 혼자 풀라고 할 수는 없다. 이럴 때는 부모가 적절한 해결책을 말해 주어도 된다.

아빠가 세 살 난 은결이를 안고 얼러주는 모습을 본 일곱 살 시은이가 뽀로통한 얼굴로 말했다.

"아빤 왜 날 그렇게 안아주지 않아요?"

이 말을 들은 아빠는 하마터면 "무슨 소리야? 너도 어렸을 때 이렇게 얼러주었단다."라고 말할 뻔했다. 하지만 잠깐 시은이를 바라본 뒤 이렇게 말했다.

> **아빠** 시은아, 아빠가 너만 안아주면 좋겠니?
>
> **시은** 네.
>
> **아빠** 은결이가 없어지면 좋겠고?

> **시은**   네. 난 은결이가 미워요.
>
> **아빠**   왜? 아빠를 은결이와 나눠 가져서?
>
> **시은**   네. 아빠가 내 아빠만 하면 좋겠어요.
>
> **아빠**   그래. 그런데 시은아, 넌 아빠의 하나밖에 없는 딸이라는 거 혹시 알고 있니?

아빠의 말을 듣고 시은이는 크게 웃었다. 시은이 아빠는 "동생이 어려서 그래."라거나 "네가 누나니까 이해해야지."와 같은 말은 하지 않았다. 대신 딸이 필요로 하는 게 무엇인지 정확히 짚어냈다. 또 딸이 질투의 감정을 자연스럽게 표현하도록 대화를 유도했고, 마지막에는 하나밖에 없는 딸이라고 말해서 딸의 기분을 풀어주었다.

진아 엄마는 진아를 데리러 유치원에 갔다. 마침 6개월 된 윤아를 유모차에 태우고 갔는데, 아이들이 갑자기 윤아를 둘러싸더니 예쁘다고 칭찬을 하며 모여들었다.

아이들을 배웅하러 나왔던 선생님들도 아기를 보며 예쁘다고 했고, 윤아는 기분이 좋은지 방긋방긋 웃었다. 진아는 엄마 뒤에서 이런 모습을 묵묵히 지켜보았다. 아이들이 서서히 인사를 하고 집에 가자 진아가 시무룩한 얼굴로 말했다.

진아 아, 짜증나.

엄마 왜? 친구들이 아기에게 예쁘다고 해서 그러니?

진아 아뇨.

엄마 아니면 너한테 관심을 갖지 않고 아기한테만 관심을 가지니
까 싫은 거야?

진아 맞아요.

엄마 아기가 귀엽지 않아?

진아 아니라고요!

엄마 진아야, 아기일 때는 다 관심을 갖는단다. 어떤 아기든 다
예쁘다고 말해. 진아가 아기였을 때는 나갈 때마다 사람들
이 예쁘다고 모여들어서 얼마나 힘들었다고!

엄마는 진아가 화난 것을 충분히 이해해 주었고, 아이의 화에
초점을 맞추어 이야기를 풀어나갔다. 그래서 진아는 자신의 화를
말로 표현할 수 있었고, 엄마의 말에 기분이 좋아졌다.

아이들을 모두
똑같이 대할 필요는 없다

부모가 아이들을 공정하게 대하고 편애하지 않는다면 아이들은 부모의 사랑을 차지하기 위해 싸우지 않을까? 누가 더 많이 가지려고도 하지 않고, 누가 먼저 가지려고도 하지 않을까?

절대 그렇지 않다. 부모가 아무리 공평하게 대한다 해도 아이들은 공평하다고 생각하지 않는다.

> **우주** 엄마, 이건 불공평해요. 내가 영화를 하나 볼 동안 우경이는
> 두 개나 봤잖아요. 그러니까 내가 나으면 하나 더 볼래요.
>
> **엄마** 그걸 왜 나한테 따지니? 네가 수두에 걸린 게 엄마 잘못은
> 아니잖니?
>
> **우주** 그게 아니라요.

엄마   넌 놀이공원에 몇 번 갔지?

우주   두 번이요.

엄마   그럼 우경이는 몇 번 갔지?

우주   한 번이요.

엄마   (잠깐 생각에 잠겨 있다가) 틀렸어. 우경이는 한 번도 못 갔어.
        그러니까 그런 걸로 꼬투리를 잡으려고 하지 마.

우주   엄만 내 기분 따윈 전혀 생각을 안 해요.

우주 엄마는 나름대로 아이들을 공평하게 대하려고 했다. 우주
가 영화를 하나밖에 보지 못했다고 불평하자, 동생은 놀이공원에
한 번도 못 갔다는 식으로 대응했다.

하지만 이런 식으로 아이들을 대하면 아이들의 경쟁은 계
속될 수밖에 없다. 누군가가 앞서가면 다른 누군가는 뒤처지
게 마련이다. 그 상황에서 아이들은 부모에게 잘 보이기 위
해 노력할 것이다.

사실 아이들이 부모의 눈길을 끌기 위해 경쟁하는 것을 막을 수
는 없다. 하지만 부모가 조장해서는 안 된다. 부모가 공평한 것을
쫓다 보면 나중에는 걷잡을 수 없는 지경에까지 다다를 수 있다.

부모가 아이들을 똑같이 대우한다는 것은 무척 힘든 일이다. 아

이들 또한 부모가 똑같이 대우해 주기를 바라는 것도 아니다. 연구에 따르면, 두 딸에게 똑같은 옷과 똑같은 신발, 똑같은 자전거를 사주었는데도 아이들 간의 싸움을 막지 못했다고 한다. 실제로 아이들이 싸우는 것은 부모의 사랑을 독차지하고 싶어서다. 아이들은 늘 부모의 사랑을 확인하고 싶어 한다.

따라서 부모는 아이들을 공정하게 대하려고 노력하기보다는 각자 아이들의 개성을 존중해서 특별하게 대해야 한다. 형한테 아홉 살 생일선물로 두발자전거를 사주었다고 해서 동생한테도 아홉 살 생일선물로 두발자전거를 사줄 필요는 없다는 말이다. 큰아이한테 피아노 레슨을 시켰다고 둘째한테도 피아노 레슨을 시킬 필요는 없다. 둘째가 태권도나 미술을 더 좋아한다면 좋아하는 것을 시키면 된다.

형제자매들을 동등하게 대할 필요도 없고, 이는 가능한 일도 아니다

만일 아이들이 똑같은 개성이나 재능, 기질을 갖고 있다면 얼마나 재미없을까? 하지만 다행히도 아이들은 같은 부모 밑에서 태어났지만 각각 다르다. 어떤 아이는 엄마의 섬세한 성격을 그대로 물려받았고, 어떤 아이는 아빠의 대범함을 고스란히 닮았다. 따라서 첫째와 둘째, 둘째와 셋째를 각각 다르게 대해야 한다.

어떤 엄마는 어릴 때 부모가 자기와 동생을 똑같이 대해서 몹시 힘들었다고 털어놓았다.

"동생과 나는 늘 같은 시간에 잠을 자야 했어요. 내가 언니인데도 부모님은 동생과 나를 항상 똑같이 대했죠. 심지어는 내가 화장을 할 수 있는 나이가 되자 동생에게도 화장을 하라고 했어요. 동생은 어린데도 말이죠. 정말 이해가 안 되는 일이어서 부모님이 원망스럽기까지 했어요."

큰아이가 둘째아이보다 더 많은 혜택을 누리면 안 되는 법이라도 있는가?

"형은 왜 아홉 시까지 잠을 자지 않아도 되는데, 왜 난 안 돼요?"라고 묻는 인태의 물음에 아빠는 "너도 아홉 살이 되면 그렇게 할 수 있어. 그런데 아홉 살까지 기다릴 수가 없니?"라고 대답했다. "넌 어리니까 그래."라고 말하지 않고 '너도 크면 그렇게 할 수 있어.'라는 인식을 심어주어 아이가 기다릴 수 있게 했다.

어떤 엄마는 누구를 더 사랑하느냐는 아이들의 질문에 이렇게 대답했다.

"자, 엄마 열 손가락 보이지? 너희는 이 열 손가락처럼 각기 다르지만 없어서는 안 될 존재야."

형제자매의 싸움을
멈추게 하는 방법

아이들은 부모의 관심을 받고 싶어 한다. 다른 형제나 자매보다 좀 더 특별한 관심을 받으려고 한다. 이때 부모가 취할 수 있는 방법 중 하나가 '특별한 시간'을 정해 놓고 그 아이하고만 지내는 것이다. 단 10분이라도 시간을 정해 놓고 어떤 방해도 받지 않고 한 아이하고만 지낸다면 아이는 특별한 기분을 갖게 된다. 그 시간 동안 아이에게 책을 읽어주거나, 아이와 이야기를 하거나, 운동을 하면서 시간을 보내면 아이는 이 특별한 시간을 기대하게 된다.

부모가 오로지 자신한테만 관심을 쏟는 시간이 있다는 사실만으로 부모의 사랑을 독차지하기 위해 다른 아이와 경쟁하지 않는다. 또 아이들이 서로 자기 말을 들어 달라고 떼를 쓸 때도 나중에 특별한 시간에 이야기하자고 말할 수 있다.

일곱 살 쌍둥이를 둔 직장맘 이야기다. 그 엄마는 각각의 아이와 특별한 시간을 보내며 많은 이야기를 나누었다. 아이들은 늘 티격태격했는데, 특별한 시간에 그 문제를 놓고 이야기를 나누고는 했다. 어느 날 저녁, 엄마가 쌍둥이 중 하나인 태준이와 특별한 시간에 나누었던 이야기다.

> **엄마** 네가 가장 좋아하는 게 뭐야?
>
> **태준** 내 생일이요.
>
> **엄마** 그래? 그럼 가장 싫어하는 것은?
>
> **태준** 성준이가 엄마를 독차지하는 거요.
>
> **엄마** 그럼 엄마가 너하고만 놀아주길 바라니?
>
> **태준** 네. 난 성준이가 없어지면 좋겠어요. 어디로 가도 좋고요.
>
> **엄마** 엄마가 너하고 단둘이만 있으면 좋겠다는 거지?
>
> **태준** 그건 아니고요. 내가 원할 때 있으면 돼요.

아이와 특별한 시간을 가지면 그 시간만큼은 부모를 빼앗기 위해 경쟁하지 않아도 되므로 부모가 자신을 유일하게 사랑한다고 느껴서 더욱 깊은 유대감이 형성된다.

누군가와 나눠야 한다는 건
자신이 덜 갖는다는 걸 의미한다

아이들의 싸움을 잠재우는 방법 중 하나가 '확성기 방법'이다. 아이들이 서로 싸우다가 부모 앞에 와서 이야기할 때 어느 편도 들지 않고 아이들의 이야기에 귀를 기울이는 방법이다.

현서 은하가 나를 발로 찼어요.

은하 아니에요. 거짓말이에요.

아빠 은하야, 오빠는 네가 찼다는데?

은하 안 그랬어요. 정말이에요.

현서 거짓말이에요. 은하가 나를 발로 찼다니까요.

아빠 은하는 안 찼다는데? 사람을 발로 차면 안 되지. 공이 아니 잖아.

(그때 현서가 은하의 장난감을 슬쩍 잡아당겼다.)

은하 내 장난감이야. 만지지 마.

현서 만지면 좀 어때서.

은하 싫다니까. 이리 내놔!

아빠 오빠가 만지고 싶은 모양이구나.

> **은하**　내 장난감이라고요.
>
> **아빠**　현서야, 은하가 싫다고 하잖아. 이 문제는 너희 둘이 해결하면 좋겠구나.
>
> **현서**　은하야, 오빠가 네 장난감을 잠깐만 갖고 놀면 안 될까?
>
> **은하**　(장난감을 얼른 뒤로 감추고) 싫어. 내 거 만지지 마.
>
> **아빠**　현서야, 은하가 싫다는구나. 나중에 마음이 바뀌면 너도 갖고 놀게 해주겠지. 그때 갖고 놀아.

아빠의 말을 듣고 있던 은하는 아빠를 쳐다보았다. 시간이 조금 지난 다음 이윽고 현서는 은하의 장난감을 갖고 놀 수 있었다.

아빠는 "오빠는 네가 찼다는데?", "은하는 안 찼다는데?"라고 말함으로써 누구의 편도 들지 않고 일어난 현상만 되풀이해서 말했다. 또 "이 문제는 너희 둘이 해결하면 좋겠구나."라고 말해서 아빠가 개입할 생각이 없다고 의사를 분명히 했다.

부모는 아이들이 사이좋게 지내기를 바란다. 하지만 아이들에게 있어서 서로 나눈다는 것은 자신이 덜 갖는다는 것을 뜻한다. 그런데 은하 아빠는 "나중에 마음이 바뀌면 너도 갖고 놀게 해주겠지."라는 말함으로써 은하에게 선택권을 주었다. 만일 "은하야, 오빠랑 같이 갖고 놀아야지."라고 말했다면 은하가 장난감을 오빠에게 주지 않았을 것이다.

어떤 아이는 자기 장난감에 관심이 없다가도 다른 아이가 그 장난감에 관심을 가지면 그때부터 그것을 빼앗기지 않으려고 한다. 이처럼 과자나 장난감, 부모의 사랑을 나누고 싶어 하는 아이는 없다. 그런데 부모가 강제로 나누려고 하면 아이는 반항하거나 화를 낸다.

따라서 형제자매가 같이 나누리라는 걸 애당초 기대하지 않는 것이 좋다. 그러므로 "아빠도 네 마음 잘 알아. 누구와 같이 가지고 논다는 것은 정말 힘든 일이거든." 하고 말하거나 "좋아, 네가 실컷 가지고 논 다음 싫증이 나면 동생한테 갖고 놀도록 하면 어떨까?"라고 말하는 것이 현명하다.

부모의 위트가 아이의 화를 가라앉힌다

아이들이 나눌 수 있는 마음을 갖게 하는 또 다른 방법은 부모가 위트를 발휘하는 것이다. 아홉 살 윤서가 여섯 살 윤우의 마지막 남은 젤리를 가로챘을 때 엄마는 이 방법으로 싸움이 될 뻔한 일을 무마시켰다.

> **윤우**　그것 내 거야! 얼른 내놔!
>
> **엄마**　넌 젤리가 하늘만큼 땅만큼 있으면 좋겠지?
>
> **윤우**　네. 하늘만큼요.
>
> **엄마**　이 세상에 있는 젤리 전부 다?
>
> **윤우**　네. 다음에는 내 과자상자에 넣어주세요. 누나랑 나누고 싶
> 지 않아요.
>
> **엄마**　좋아. 그렇게 할게. 누나랑 너랑 똑같이 개수를 세어서 줄
> 게. 하지만 마지막에 하나 남으면 그건 엄마 거다.

　전혀 예상치 못한 말을 부모가 한다면 아이는 피식 웃음을 터뜨릴 수밖에 없다. 윤우는 누나로 인해 화가 났지만, 엄마의 유머로 화가 가라앉았다. 누나에 대한 원망스러운 마음이 없어진 것은 물론이다.

　아이들의 싸움을 멈추게 하는 기발한 방법은 또 있다. 아이들이 싸움을 시작하려 할 때 이렇게 말해 보자.

　"잠깐만 기다려. 너희들 싸움을 녹음하고 싶으니까 기다리렴."

　그리고 나서 녹음 버튼을 누르면 아이들은 머쓱해져서 싸움을 멈출 수밖에 없다. 자기들이 싸우는 소리를 다시 듣는다는 것은 썩 유쾌한 일이 아니므로 화를 가라앉게 된다. 하지만 이 방법

도 자주 쓰면 효과가 없다.

또 다른 부모는 종이에 적는 방법을 선택했다. 아이들이 싸울 때마다 종이와 연필을 가져다놓고 이렇게 말했다.

"너희들 이리 와서 여기에 적어봐. 설아는 준현이가 못살게 굴었던 것을 적고, 준현이는 설아가 열받게 한 것을 적어."

싸울 때 이렇게 시간을 갖게 하면 금방이라도 터질 것 같았던 화가 맥없이 사그라지는 것을 목격할 수 있다. 왜냐하면 아이들의 관심이 싸움에서 종이에 적는 것으로 옮겨가기 때문이다. 더군다나 부모가 재판관 노릇을 하지 않아도 된다.

아홉 살 유리는 친구와 재미있게 놀고 있었다. 그런데 동생 선재가 와서 노는 것을 방해하자 몹시 화를 내며 동생을 때렸다. 이를 목격한 엄마가 유리에게 종이와 연필을 갖다 주며 지금의 심정을 글로 적으라고 했다.

멍청이 선재에게

멍청아, 지금 뭐 하니? 누나는 네가 잘 있는 거 절대 원하지 않아.

다음에도 또 그러면 코피가 나고 이빨이 부러지도록 널 때릴 거야.

그러면 난 기분이 엄청 좋아지겠지.

－널 죽도록 미워하는 사람으로부터

유리는 이 편지를 선재에게 주지는 않았다. 다만 편지를 쓰는 동안 화가 어느 정도 가라앉는 것을 느꼈다.

이처럼 감정이 극에 달했을 때 글로 표현하면 어느 정도 마음이 누그러진다. 저녁 때가 되자 유리는 선재와 사이좋게 놀았다.

어떤 부모는 글을 읽지 못하는 아이에게 크레용과 종이를 주면서 그림을 그리라고 한다.

"여진아, 은규 때문에 화난 마음을 그림으로 그려서 엄마한테 보여주렴."

어떤 아이는 화를 나게 한 형제자매를 새까만 색으로 칠한 다음 마구 찢기도 하는데, 이 방법은 누구에게도 해를 끼치지 않고 자신의 화를 표출할 수 있다.

또 어떤 부모는 화가 난 아이에게 베개를 가져다주어 그것을 치라고 한다.

아람이가 누나인 수정이의 컬러링북을 찢는 바람에 싸움이 일어났다. 수정이는 아람이에게 컬러링북을 도로 붙여놓으라며 마구 소리를 질렀다. 그 모습을 본 엄마는 수정이를 샌드백이 놓인 곳으로 데리고 가서 치라고 했다. 수정이는 샌드백을 마구 치며 동생에 대한 분노를 표출했다. 그런 다음 30분도 안 돼 아람이와 사이좋게 놀았다.

그후로 수정이는 아람이가 자신의 물건을 망가뜨리거나 화나게 하면 샌드백을 두드렸다. 수정이는 동생에 대한 적대감을 이런 식으로 풀었다. 이 방법이 가장 좋다고는 할 수 없지만, 다른 사람에게 피해를 주지 않으면서 자신의 분노를 표출하는 방법이므로 충분히 시도해 볼 만하다.

형제자매,
치열하게 싸우다가도
어느새 친구가 되는 관계

부모로서 아이들이 싸우는 것을 지켜보기란 곤혹스러운 일이다. 그런데 형제자매의 싸움이 부정적인 영향만 있는 것은 아니다. 왜냐하면 형제자매들은 싸움을 통해 장차 사람들과 관계를 어떻게 풀어가야 하는지 배우기 때문이다.

아이들은 부모라는 울타리 안에서 서로 싸우면서 '정정당당하게 싸우고, 적당한 선에서 협상하며, 어려운 상황에서 빠져나오는 방법을 배운다. 아울러 삶이란 항상 공평하지 않다는 것도 알게 된다. 이를테면 엄마가 잠을 재우거나 아빠가 무릎에 앉혀 흔들어줄 때도 누군가는 먼저 해야 하고 누군가는 나중에 해야 한다는 것을 깨닫게 되는 것이다.

아이들은 감정이 변화무쌍해서, 살벌하게 싸우다가도 어느 순간 낄낄거리며 사이좋게 놀기도 한다. 이처럼 아이들은 서로에게 강렬하면서도 다양한 감정을 갖고 있는데, 부모는 아이들이 경쟁하고 질투하는 것만 떠올린다.

아이들이 싸울 때는 세상에 그런 적도 없을 만큼 치열하게 싸우지만, 또 어느 순간에는 이보다 더 다정한 사이는 없는 것처럼 친하게 지내기도 한다. 그러므로 금세 화해한다는 것을 염두에 두고 아이들의 싸움을 말려야 한다. 열 살인 동생과 열세 살인 형이 마구 싸운다 해도 몇 년만 지나면 같은 사춘기를 보내며 서로 고민을 나누는 사이가 될 수도 있다는 것을 기억하자.

시연이 부모는 시연이가 동생 시훈이를 괴롭히고 못살게 굴어 걱정이 이만저만이 아니다. 그러던 어느 날 캠핑을 간 시연이가 동생에게 보낸 편지를 보고 크게 걱정할 필요 없다는 생각을 하게 되었다.

사랑하는 동생에게

시훈아, 잘 있니? 누나가 없으니까 어때? 난 네가 정말 보고 싶어.

너도 내가 보고 싶지? 얼른 집에 돌아가고 싶다. 그래서 너랑 싸우고

싶다. ㅋㅋ 사랑해, 내 동생.

－사랑하는 누나가

이 편지를 보면 아이들의 싸움에 부모가 지나치게 민감해질 필

요가 없다는 사실을 알 수 있다. 형제자매 간에는 어쩔 수 없이 사랑과 미움이 공존하는 법이다.

일곱 살인 상준이는 동생을 몹시 질투했다. 이를 목격할 때마다 엄마는 신경이 쓰였지만 굳이 나무라지는 않았다. 그러던 어느 날 상준이의 말에 엄마는 무척 놀랄 수밖에 없었다.

> **상준** 엄마는 동준이가 좋아, 내가 좋아?
>
> **엄마** 둘 다 좋아.
>
> **상준** 그래도 아주 조금이라도 누가 더 좋아.
>
> **엄마** 넌 누구를 더 좋아할 것 같니?
>
> **상준** 음…… 엄마가 동준이보다는 나를 더 좋아할 것 같아요. 하지만 이 말은 동준이에게 하지 마세요. 동준이가 들으면 기분 나쁠 거예요.

엄마는 상준이의 말에서 동생을 배려하는 마음이 느껴져 안심했다. 동생을 질투했지만, 마음 한켠에는 동생에 대한 사랑을 갖고 있었던 것이다.

아이들은 싸우는 것을 즐기기도 하는데, 싸움의 이면에는 형제자매 간의 깊은 사랑이 내재되어 있다. 아이들이 싸우면서 주고받는 말 중에는 입에 담지 못할 욕도 있지만, 그것 또한 그들만의 의사소통법이라는 것을 기억하자.

형제자매 간의 경쟁심과 질투는 당연하다

이제부터라도 아이들에 대한 인식을 바꾸어야 한다. 부모는 흔히 큰아이에게 더 많은 기대를 하게 되는데, 이는 큰아이에게 부담을 주는 일이다. '형이니까, 언니니까, 누나니까, 오빠니까' 하면서 감정을 절제하고 참으라고 요구하면 큰아이는 동생을 위해 희생했다고 생각한다. 그러므로 어떤 문제가 생길 때 큰아이부터 야단치기보다는 문제를 해결하는 쪽으로 방향을 잡아나가야 한다.

일곱 살인 진모와 다섯 살인 진서는 붙어다니면서 싸운다. 서로 치고받으며 싸우면 엄마는 둘이 떨어져 있으라고 소리치는데, 금세 아이들이 같이 놀게 해달라고 애원을 하며 매달리는 일이 반복되자, 하루는 엄마가 진모를 불러 물었다.

엄마　엄마가 지금 머리가 지끈지끈 아픈데 어떡하면 좋을까?

진모　음…… 내가 진서와 싸워서 그렇죠?

엄마 알긴 아는구나. 네가 동생을 다치게 할까 봐 엄마는 걱정이 돼.

진모 알았어요.

엄마 뭘 알았는데?

진모 내가 어떻게 하기를 바라는 거잖아요.

엄마 바로 그거야.

진모 지금 생각났는데요, 문에 '서로 때리지 않기'라고 크게 써서 붙여놓는 거예요. 그리고 우리 방 벽에도 붙여놓고요. 만일 누군가 때리려고 하면 벽에 써놓은 글을 가리키며 '규칙'을 외치는 거죠.

엄마 '규칙'은 무슨 뜻인데?

진모 서로 때리면 안 된다는 거예요.

엄마 좋았어. 믿어볼게.

(진모는 엄마의 도움을 받아 문과 방 벽에 '서로 때리지 않기'라고 써서 붙여놓았다. 그런데 어느 날 진서가 진모에게 발길질을 했다.)

진모 엄마, 문제가 생겼어요. 진서가 글을 못 읽잖아요.

(진모의 말을 들은 엄마는 진서의 손을 잡고 문 앞으로 다가가 아주 천천히 글자를 읽어주었다. 그리고 형과 그런 규칙을 세웠다는 말도 해주었다.)

엄마는 진모에게 해결 방법을 찾도록 했고, 진서한테는 그것을 따르도록 말해 주었다. 규칙을 세웠더니 둘의 싸움은 눈에 띄게

"나는 한편으로는 엄마를 즐겁게 하기 위해서,
그리고 다른 한편으로는 누나를 궁지에 몰아넣기 위해서
바이올린 연습을 열심히 한단다."

줄어들었다. 물론 시간이 지나자 아이들은 규칙을 무시했고, 또 다른 규칙을 만들어야 했다.

부모는 형제자매들 간의 싸움이나 경쟁심, 형제애가 자연스러운 감정이라는 것을 받아들여야 한다. 아이들은 형제애를 느끼면서도 한편으로는 죽일 듯이 으르렁거릴 수도 있다. 따라서 아이들이 서로 다르다는 것을 인정하고, 감정을 드러내도록 하며, 문제가 발생하면 해결책을 제안하도록 유도해야 한다.

인생을 살면서 가장 오래가는 관계가 바로 형제자매들 간의 관계다. 따라서 긍정적인 감정은 독려하고 부정적인 감정은 극복하게끔 하면 된다.

형제자매들 간에 부정적인 감정을 나타낼 때 부모가 어떻게 하느냐에 따라 아이가 죄책감을 가질 수도 있고 갖지 않을 수도 있다. 먼저 아이들이 부정적인 감정을 드러내면 부모가 그것을 인정하고 받아들여야 한다. 그러면 아이가 죄책감을 느끼지 않고 자신의 행동을 바꾸어 관계를 개선시킨다.

한 엄마는 어릴 때를 회상하며 말했다.

"내가 아홉 살 때였어요. 동생은 네 살이었는데, 엄마가 막내를 낳은 거예요. 동생이 얼마나 샘이 많은지 한시도 그애한테서 눈을 떼면 안 되었지요. 어느 날 엄마와 내가 현관에 있었는데 뭔가 와당탕 넘어지는 소리와 함께 자지러지게 우는 아기 소리가 들렸어요. 뛰어가보니 동생이 막내가 탄 유모차를 넘어뜨려서 아기를 떨어뜨린 거죠. 그 모습을 본 엄마가 우는 아기를 안고 달래주었죠. 그러고는 동생한테 아기를 안아보라고 했어요. '호승아, 아기를 안아봐. 정말 작지? 아기는 너무 작아서 혼자서는 아무것도 할 수 없단다. 이제부터는 네가 아기를 돌봐야 할 것 같아. 넌 아기보다

힘이 세잖아. 엄마 생각엔 네가 아주 잘할 것 같아.' 동생은 엄마의 말을 가만히 듣고만 있었죠. 그 뒤로 동생은 아기를 잘 돌보았어요. 물론 항상 잘 돌본 것은 아니었지만요."

그녀의 엄마는 동생의 질투심을 있는 그대로 받아들였다. 그리고 "아기는 너무 작아서 혼자서는 아무것도 할 수 없단다. 이제부터는 네가 아기를 돌봐야 할 것 같아."라고 말해서 동생이 책임감을 갖고 아기를 돌보도록 했다. 부정적인 감정을 극복하고 긍정적인 감정을 갖게 한 것이다.

▲ 🔺 🔺

가족이라도 생각이 서로 달라서 갈등이 생기게 마련이다.
특히 아이를 키울 때는 아빠나 주위 사람들과 엄마의
육아 방식이 달라서 갈등이 생기기 쉽다.
남편, 시댁이나 친정 식구, 아이 선생님까지
'내 편'을 만든다면 아이 키우기가 훨씬 수월할 것이다.

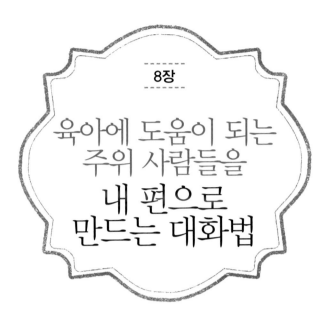

8장

육아에 도움이 되는
주위 사람들을
**내 편으로
만드는 대화법**

주위 사람들을
내 편으로 만들면
아이 키우기가 쉽다

아이에게 습관적으로 큰 소리를 치고 벌을 주고 잔소리를 해도 크게 달라지는 것은 없다. 큰 소리를 치는 대신 설명을 해야 하고, 벌을 주는 대신 행동의 결과를 알도록 해야 하며, 잔소리를 하는 대신 칭찬을 해야 한다. 아울러 아이의 감정을 그대로 받아들이고, 스스로 하도록 독려해야 하며, 가능하면 충고는 하지 않는 것이 좋다. 그러면 부모와 아이와의 관계도 더 가까워진다.

부모가 여태껏 사용해 왔던 양육 방법을 바꾼다는 것은 참으로 힘든 일이다. 그렇다고 아이와의 관계가 좋지 않은데 아무런 조치를 취하지 않을 수도 없다. 이때 가장 필요한 것은 비난하거나 도발하는 사람이 아닌 협력자다. 어떤 남편은 아이들이 소리를 지르며 싸우자 아내를 향해 이렇게 말했다고 한다.

"여보, 그 많은 육아서를 읽었으니까 당신은 애들이 왜 이러는지 알 거 아냐? 빨리 어떻게든 해봐. 왜 아이들을 제대로 다루지 못하는 거야!"

이 말을 들은 아내는 당황했다. 가능하면 아이들 싸움에 개입하지 않으려고 애쓰고 있는데, 남편이 이런 식으로 말하니 할 말이 없는 것이다.

가장 갈등이 될 때가 바로 이런 때다. 새로운 방법을 시도해 보려고 하는데, 배우자나 친척, 선생님이나 이웃들이 왜 빨리 개입하지 않느냐면서 비판을 하는 순간 말이다. 그럴 때마다 아이에게 벌주는 대신 행동의 결과를 알게 하고, 비난하는 대신 아이의 감정을 받아들여야 하며, 자율성을 북돋워주고 잔소리를 하지 않는 것이 좋다는 이야기를 하고 싶을 것이다. 그리고 이 방법이 얼마나 효과적인지도 알려주고 싶을 것이다.

대다수 사람들은 부모와 자녀 간의 대화 방법을 배우는 것에 대해 회의적이다. 그런데 아이들과 협조하는 것이 힘들다면 다른 사람들과는 협조하는 것이 더 힘들다는 것을 알아야 한다.

아이를 무안하게 만들지 말고 격려하라

다음은 유성이네 가족이 저녁식사를 마치고 나눈 대화다. 아빠가 유성이에게 구구단을 외워보라고 시켰다. 유성이는 더듬더듬 외웠고, 갈수록 틀리는 것이 많았다. 아빠가 말했다.

"유성이 너 구구단 안 외웠지? 학교 갔다 와서 외웠어야지. 유주야, 네가 한번 외워봐."

유성이는 눈물이 나오려는 것을 억지로 참으며 앉아 있었다.

다음 날 아침, 유성이 엄마는 남편과 이야기를 나누었다.

엄마 여보, 어제는 당신이 유성이한테 심했던 거 알죠? 가뜩이나 유성이와 사이가 좋지 않으면서 왜 그랬어요?

아빠 내가 뭘 잘못했다고 그래.

엄마 잘못하지 않았다고요? 가족들 앞에서 유성이한테 무안을 줬잖아요. 유성이도 자존감이 많이 상했을 거예요.

아빠 그러기 싫으면 구구단을 외웠어야지.

엄마 무슨 소리예요? 어느 누구도 유성이한테 그런 말을 할 자격이 없어요.

아빠 내가 아빤데 그럴 자격이 없다고? 내가 어렸을 때는 아무도 나한테 구구단을 외우라고 한 적이 없었어.

엄마 유성이가 당신은 아니잖아요. 제발 내 말 좀 들어요. 유성이와 멀어지고 싶지 않다면요.

아빠 내가 대화하는 방법에는 아무런 문제가 없는데, 왜 자꾸 나한테 잘못했다고 그래.

엄마 당신이 좀 마음을 넓게 가져봐요. 아버지학교를 다니든지
아니면 내가 읽는 책을 읽든지…… 그러면 내 말을 이해하
게 될 거예요.

아빠 내가 그런 거 할 시간이 어디 있어?

엄마 그러면 어쩔 수 없죠. 유성이와 당신 사이는 더 멀어질 거예요.

아빠 당신 때문에 그 아이가 그런 거요. 당신이나 잘해요.

결국 유성이 엄마는 남편에게 두 손 들고 말았다. 이럴 때는 남
편을 비난하지 말고 협조를 구하는 편이 낫다. 누구나 다 비난의
소리를 들으면 방어적이 되므로 좀 더 부드럽게 요청해야 상대방
이 협조할 마음이 생긴다.

배우자의 감정을 인정하고 칭찬해라

다음은 현정이네 가족의 대화다. 상황은 비슷하지만 다른 결과
가 나왔다.

엄마 현정아, 식탁 좀 닦아줄래?

현정 싫어요.

엄마 싫다고? 그럼 오늘 밤 디저트는 없다.

현지 엄마, 난 어제 깨끗하게 닦았지?

엄마 그랬지. 우리 현지가 식탁을 깨끗하게 닦았지. 현정아, 너 얼른 식탁 닦지 못하겠니?

현정 싫다니까요!

엄마 너 엄마 말 안 들으면 핸드폰 못하게 할 거야.

(현정이는 입을 쭉 내민 채 식탁을 닦고는 주방을 나갔다. 아이들이 나가자 이를 묵묵히 보고 있던 아빠가 아내에게 말했다.)

아빠 여보, 당신이 진 거 알지?

엄마 그래도 현정이에게 식탁을 닦게 했잖아요.

아빠 억지로 시킨 거는 잘한 게 아니지. 그보다 더 좋은 방법이 있거든.

엄마 그게 뭔데요?

아빠 아마 나라면 윽박지르지 않고 도와 달라고 부탁했을 거야. 아까 현정이는 마치 싸움이라도 할 것처럼 행동했잖아.

엄마 그러니까요. 그애는 정말 황소고집이에요.

아빠 그렇기는 하지. 정말 성질이 고약해. 하지만 당신이라면 잘 할 거라고 믿어. 지난번에 현정이한테 도와 달라고 부탁한 적도 있잖아.

　현정이 아빠는 아내가 딸을 다루는 방식을 비난하지 않았
다. 아울러 딸을 어떻게 다루어야 하는지 설교도 하지 않았
고, 판단도 하지 않았다. 만일 그렇게 했다면 아내는 방어적
이 되어 언성만 높였을 것이다. 대신 남편은 아내의 감정을
인정하고 칭찬했다. 또 과거 아이를 잘 다루었던 것을 상기
시켜 그렇게 하도록 유도했다. 그리고 아이들이 나간 다음에
이야기를 함으로써 아내의 자존감을 세워주었다.

배우자를 방관자로 만들지 않는 방법

아빠　(큰 소리로) 우와! 이거 온통 점토 투성이군. 카펫에도 묻었고
벽도 엉망이고.

엄마	제발 목소리 좀 낮춰요. 내가 배운 방법을 써볼래요?
아빠	어떤 방법인데?
엄마	있는 그대로 사실만 말하는 거예요.
아빠	사실만 말하라고?
엄마	말하자면 "카펫과 벽에 점토가 묻었구나. 깨끗하게 닦아야 겠어."라고 말이죠.
아빠	그렇게 말했다가 애들이 닦는다고 더 엉망으로 만들어놓으면 어떡하려고? 소매로 닦기라도 하면 말이야.
엄마	그땐 이렇게 말하는 거죠. "저런, 옷에 점토가 묻었구나. 점토를 떼어낼 때 옷에 묻히지 않는 방법 좀 생각해 보렴."
아빠	글쎄, 그럼 당신이 먼저 해봐.
엄마	알았어요. 그럼 나를 따라 해봐요.

아내는 아이들을 조용히 불렀다. 그러고는 "카펫과 벽에 점토가 묻었는데 깨끗하게 닦아야겠다."라고 말했다. 그러자 아이들은 점토를 닦는 일에 열중했다. 그 모습을 본 아내는 남편을 향해 의기양양하게 활짝 웃었다. 마치 개선장군이라도 된 것처럼 말이다.

하지만 여기서 짚고 넘어가야 할 게 있다. 아내는 아이들을 능숙하게 다루었지만, 우쭐한 태도를 보임으로써 남편에게 저항감을 갖게 만들었다. 아내는 자신의 능숙함을 내세우기 위해 남편의

열등감을 조장했다. 그러면 남편은 아내에게 협조할 마음이 생기지 않는다.

자녀 양육에 대한 새로운 방법을 시도할 때 배우자가 "당신이 육아서를 많이 읽은 전문가니까 당신이 알아서 해."라고 말하는 경우가 많다. 이때 배우자를 방관자로 만들지 않으려면 이렇게 말해 보자.

"많은 책을 읽은 건 사실이지만 당신의 도움이 필요해요."

"이것 좀 보세요. 당신 생각은 어때요?"

"나 혼자서 하면 정말 좋을 텐데, 당신 도움이 없으면 안 돼요."

이런 말들은 남편 또는 아내의 저항을 받지 않고 협조를 구하기에 바람직하다.

배우자와 선생님을
좋은 협력자로 만들어라

자녀 양육에 관해 배우자와 견해가 일치하기를 바라는 것은 희망사항일 뿐이다. 사람은 누구나 생각이 다르고 성향이 다르며 자라온 환경이 달라서 아이들에 대한 기대도 부부가 확연하게 다를 수 있다. 남편은 아이들이 방을 엉망으로 해놓고 다녀도 신경이 쓰이지 않을 수 있지만, 아내는 짚고 넘어가야 직성이 풀릴 수 있는 것이다.

따라서 타협할 준비를 해야 한다. 이를테면 늦잠을 자는 아이가 있는데, 이에 대해 엄마는 엄격하고 아빠는 관대하다면 아빠가 아이를 훨씬 더 잘 다룰 것이다. 어떤 일이든 걱정을 많이 하는 사람보다는 덜 하는 사람이 그 일을 객관적으로 보고 잘 다룰 수 있다는 것을 기억하자.

다른 사람을 비난하지 않고 격려할 때
'내 편'이 된다

배우자와 항상 뜻이 맞을 수는 없지만, 좋은 협력자가 될 수는 있다. 부모가 다양한 시각을 갖고 있다는 것을 아이들이 알면 실보다는 득이 많다. 그럼에도 배우자와 뜻을 맞출 필요는 있다. 그렇지 않으면 아이들이 어떤 일을 할 때 엄마가 반대하면 아빠한테

"엄마는 혈육인 저를 믿으세요?
아니면 피가 한 방울도 섞이지 않은
아빠를 믿으세요?"

달려가는 일이 생긴다. 아울러 아이들 앞에서 배우자를 깎아내리거나 비난을 해서도 안 된다.

다른 사람을 비난하지 않고 격려한다면 원하는 것을 얻을 확률이 높아진다. 이 원칙을 배우자나 선생님, 친척, 이웃 등에 적용한다면 좋은 협력자를 만들 수 있다.

남편이 아들을 눈물이 나도록 꾸짖거나 시어머니가 딸의 옷차림이 마땅찮아 혼을 낼 때 당신이 할 수 있는 일이란 없다. 그때는 잠시 그 자리를 피하는 것도 하나의 방법이다. 그런 다음 나중에 당신의 생각을 말해도 된다.

아이가 부모를 자기 편이라고 믿으면 협조를 잘한다

어느 날 수찬이 할머니가 수찬이네 집에 왔다. 할머니는 수찬이의 행동 하나하나를 지적하며 끊임없이 잔소리를 했다.

"거기 올라가지 마. 떨어진다니까!"

"좀 천천히 걸어야지. 그래야 넘어지지 않아."

"식탁 위에 주스 흘리지 말라고 했지? 식탁 다 망가진다."

하지만 수찬이는 아랑곳하지 않았고, 할머니의 잔소리는 더욱 심해졌다. 이를 옆에서 지켜보던 수찬이 엄마는 섣불리 끼어들다가는 둘 사이가 더 나빠질 것 같아 지켜보고 있었다. 수찬이 엄마는 수찬이 할머니가 화장실에 들어가자 얼른 아이를 데리고 방으로 들어가 말했다.

엄마	할머니가 사사건건 간섭하니까 힘들지?
수찬	네.
엄마	엄마는 할머니가 왜 그러시는지 알 것 같아.
수찬	정말요? 왜 그러시는 거예요?
엄마	할머니는 네가 이렇게 컸다는 게 아직 실감이 나지 않나 봐. 오랜만에 봐서 네가 침대에도 혼자 못 올라가고 주스도 못 따른다고 생각하시는 거지.

수찬이는 아무 말 없이 엄마의 말을 들었다. 다음 날 아침, 할머니가 기분 좋은 얼굴로 수찬이 엄마에게 말했다.

"수찬이 그놈이 나한테 뭐라고 말했는지 아니? 이제 자기는 여섯 살이 아니라 일곱 살이 됐으니까 다 할 수 있대. 그러니까 뭐뭐 하라고 말하지 말라는 거야."

며칠 뒤, 수찬이가 할머니한테 이렇게 말했다.

"할머니, 걱정 마시라니까요. 난 안 떨어져요. 그러니까 할머니는 가만히 있으셔도 돼요."

수찬이를 비난하지 않고 조용히 불러서 이야기하자 수찬이는 엄마가 자기 편이라고 생각하게 되었다.

만일 수찬이 엄마가 할머니 앞에서 "할머니 정신없게 뛰지 좀 마."라고 했다면 수찬이는 야단맞았다는 생각에 기분이 좋지 않았을 것이다. 또한 엄마도 할머니와 한편이라는 생각에 더욱 말썽을 부렸을 것이다. 하지만 엄마는 아들을 이해시킴으로써 할머니의 잔소리를 거뜬히 넘길 수 있게 했다. 할머니 역시 손자의 말을 기분 좋게 들었고, 잔소리도 조금씩 줄어들었다.

그렇지만 생활하다 보면 어쩔 수 없이 중간에 끼어들어야 하는 상황이 생기기도 한다. 그럴 때는 어느 한쪽을 나무라거나 편을 들지 않는 것이 중요하다.

가족이라도 생각이 서로 달라서 갈등 상황을 조화롭게 풀어내기란 쉽지 않다. 더구나 할아버지나 할머니, 혹은 고모나 이모 등이 개입된 상태에서 아이와 갈등이 일어나면 더욱 난처하게 마련이다. 아이의 편을 들 수도 없고, 그렇다고 어른들 편을 들 수도 없기 때문이다.

경은이 할머니가 아이의 옷차림을 보고 한소리하자, 경은이 엄마는 이렇게 말했다.

엄마	어머니는 경은이가 치마를 입는 게 가장 예쁘다고 생각하시는 거죠? 저렇게 찢어진 청바지나 헐렁한 스웨터를 입는 것보다는요.
할머니	그래. 그렇게 입으면 좀 예쁘니?
엄마	저도 그렇게 생각해요. 하지만 경은이도 이제 자기 옷은 자기 마음대로 입을 나이인 걸요. 그래서 저도 그냥 내버려두는 거예요.

아이의 선생님을 협조자로 만드는 방법

아이의 선생님을 부모의 협조자로 만들 수도 있다. 문제는 선생님과 학부모가 대립하는 경우다. 어떤 선생님은 이렇게 말했다.

"우리 반 아이가 잘못을 하면 그 부모님을 비난했는데, 내가 학부모가 되니까 생각이 달라지더군요."

엘렌 갤린스키는 자신의 저서에서 이렇게 말했다.

"네 살인 아이를 어린이집에 보낸 엄마가 이렇게 말한 적이 있다. '처음 어린이집에 아이를 보낸 몇 달 동안의 일들이 생생히 기억나요. 저는 선생님한테 아이를 잘 키웠다는 말을 듣고 싶었지요. 그야말로 100점짜리 엄마라는 말을 듣고 싶었어요. 그런데 학부모 면담 때 선생님은 그런 말씀을 하지 않더군요. 그래서 좀 속이 상했죠.' 사실 선생님은 아이의 장점보다는 단점을 말해서 부모의 마음을 상하게 한다. 또 아이가 잘못하면 부모에 대한 편견을 갖기도 한다."

선생님이 보기에는 아이가 성질이 급하거나, 덤벙대거나, 산만하거나, 게으르거나, 폭력적으로 보일 수 있지만, 부모에게는 이렇게 돌려 말해야 부모의 마음이 덜 상한다.

"서진이는 소리부터 지르는데 뭐든 순서를 지켜야 한다는 걸 알려주세요."

"수정이는 하루 종일 얌전하게 앉아 있는 게 힘든가 봐요. 이 문제는 아이들에게 전반적으로 나타나는 현상이에요. 같이 노력해야 할 부분이죠."

"지성이는 자기 마음에 맞지 않으면 주먹부터 휘둘러요. 어떤 의미에서든 폭력은 안 된다는 걸 가르쳐주세요."

아이에 대해 부정적인 선생님을 대처하는 방법

유하가 다니는 유치원 선생님은 아이들에게 '거북이', '울보' 등의 별명을 붙이는 걸 좋아한다. 어느 날 유치원 선생님이 유하 엄마에게 전화를 걸어 상담을 요청했다. 유하 엄마는 걱정스러운 마음이 들었지만 일단 선생님에게 협조해야 한다는 생각을 하게 되었다. 선생님도 아이를 양육하는 데 있어 꼭 필요한 협조자라는 데 생각이 미친 것이다.

상담을 가자 선생님은 유하가 산만하고 아이들을 괴롭힌다며 부정적인 말들을 쏟아냈다. 하지만 유하 엄마는 선생님의 말을 비난하거나 변명하지 않은 채 묵묵히 들었다. 사실 어떤 말이든 뱉어내면 그것이 꼬리표처럼 들러붙는데 그것은 지극히 주관적이며 부정확한 게 많다.

그래서 유하 엄마는 선생님한테 정중하게 객관적으로 짚어 달라고 말했다. 아이가 어느 시간에 산만한지, 친구들을 어떻게 괴롭히는지 예를 들어 달라고 말한 것이다.

"그림을 그리는 시간에 그림을 그리지 않고 다른 아이들이 어떻게 그리는지 보고 다녀요. 옆 짝꿍이 가만있으면 쿡쿡 찔러서 말을 걸고요."

유하 엄마는 유하에 관해 하나하나 짚어가며 어떻게 문제를 해결해야 할지 선생님과 의논했다. 의논을 끝내고 나자 선생님이 좋은 협조자가 되어 있었다. 다음 날 유하 엄마는 선생님께 감사의 편지를 보냈다.

선생님, 감사합니다. 어제 유하의 모든 점을 일일이 짚어주시고,

그것에 대해 해법까지 말씀해 주셔서요. 이제 유하의 긍정적인 면은

더욱 독려하고 부정적인 면은 변화시키도록 노력하겠습니다.

혹시 저와 의논할 일이 있으시면 언제든지 연락 주세요.

다시 한 번 유하에게 관심을 가져 주셔서 정말 감사하다는 말씀을 드립니다.

－유하 엄마 드림

그 편지를 받은 유하 선생님은 정말 기뻐했다. 간단한 편지지만 학부모들로부터 항상 불평만 들어왔던 선생님으로서는 그와 같은 편지가 정말 고맙게 느껴질 수 있다.

다른 사람들의 시선보다
중요한 것,
내 아이의 감정이다

부모는 다른 사람들 앞에서 아이가 가정교육을 잘 받은 것처럼 행동하기를 바란다. 그런데 그렇게 바랄수록 아이는 마치 '난 엄마가 원하는 대로 하긴 싫어.' 하고 선언하듯이 반대 방향으로 행동한다.

간혹 어떤 사람이 내 아이를 가리키며 "부모가 누구야? 애가 왜 저렇게 천방지축이야?"라고 말한다면 더욱 신경이 쓰이고 당황스러울 것이다. 하지만 다른 사람의 평가보다는 아이에 대해 더 신경을 써야 한다. 아이가 왜 그런지 아이의 마음을 살펴보아야 하는 것이다.

윤진이와 엄마가 엘리베이터를 탔는데 뚱뚱한 아저씨가 서 있었다. 윤진이가 아저씨를 보더니 말을 걸었다.

윤진	아저씨, 아저씨는 뭘 먹어서 뚱뚱해요?
엄마	윤진아! 그런 말 하면 못 써.
아저씨	그게 궁금하니? 사탕을 많이 먹어서 그래.

엘리베이터 안에서 윤진이와 아저씨는 사탕에 대한 이야기를 나누었고, 헤어질 때는 정중하게 인사도 했다. 아이들은 체면이나 눈치 따위에는 관심이 없다. 또 호기심도 강해서 무슨 말이든 쏟아낸다. 엘리베이터를 같이 탔던 아저씨는 다행히 윤진이를 잘 이해해 주었다. 그 상황에서 윤진이의 말에 아저씨가 화를 냈다면 사과하고 집에 돌아와 아이를 잘 타이르면 된다.

"네가 뚱뚱한데 누군가가 뚱뚱하다고 말하면 기분이 좋지 않을 것 같은데. 그러니까 앞으로 사람들을 외모로 평가하지 마렴."

아이가 잘못했을 때는 상황을 직시하고 해결 방법을 찾는다

부모는 아이가 생각이 깊고 예의 바르게 행동하기를 바라지만, 그것에 어긋난 행동을 해도 사람들 앞에서 무안을 주고 싶지 않은

게 부모의 마음이다.

여섯 살인 정훈이와 공원에 놀러간 엄마는 정훈이를 잠시 이웃에 맡겨놓고 자전거를 가지러 갔다. 자전거를 갖고 왔는데, 정훈이가 엄마 품으로 뛰어들며 엉엉 소리내어 울었다. 자기가 다른 아이를 다치게 했다는 것이다. 엄마는 가만히 아이의 등을 어루만지며 울음이 그칠 때까지 기다렸다가 무슨 일이 벌어졌는지 물었다.

"막대기를 가지고 놀다가 다른 아이 눈가를 찔렀어요. 피는 안 났지만…… 어떻게 해요. 일부러 그런 건 아니에요, 엄마."

정훈이는 눈물을 뚝뚝 흘리며 울었다.

"그런 일이 있었구나. 엄마도 네가 일부러 그러지 않았다는 거 알아. 그 아이가 얼마나 다쳤는지 한번 가보자. 그애는 어디에 있니?"

정훈이는 코를 훌쩍이면서 놀던 곳으로 엄마를 이끌었다. 정훈이가 다치게 했다는 아이는 그 아이 엄마가 안고 있어서 얼마나 다쳤는지 보이지 않았다.

"엄마, 나 쟤한테 미안하다는 말 하고 싶어요. 근데 쟤네 아빠가 보면 화낼 거예요. 저기 있는 아저씨예요."

정훈이는 한쪽 모퉁이에 서 있는 체격이 큰 아저씨를 가리켰다. 그 아저씨가 정훈이를 혼낸 것 같았다. 엄마는 정훈이가 가리킨 남자에게 다가가 말했다.

엄마	죄송해서 어떡하죠? 우리 애가 댁의 아들을 다치게 해서 정말 죄송합니다.
아저씨	우리 애는 막대기를 얌전히 갖고 놀았는데 댁의 아이는 마구 휘두르더군요. 큰일날 뻔했어요. 눈을 안 다친 게 천만다행이지.
엄마	그랬군요. 정말 다행이네요. 그런데 두 아이 모두 상처를 입은 것 같아요. 댁의 아이는 눈에 상처를 입었고 우리 아이는 마음에 상처를 입었고요. 그러니 두 아이의 기분을 풀어주는 일이 우리가 할 일이 아닐까요?
정훈	잘못했어요. 다치게 하려고 한 것은 아니에요. (또다시 울기 시작한다.)
아저씨	아저씨도 안다. 네가 일부러 그러지 않았다는 걸. 그러니 울음 뚝! 그만 울거라. 아저씨가 너무 놀라서 너한테 야단친 거 미안하다.

그제서야 정훈이는 울음을 그쳤다. 정훈이 엄마는 곤란한 상황에 처했는데도 용기 있게 다가가 문제를 해결하기 위해 노력했고, 아이의 감정 또한 다치지 않게 다독여주었다.

아이의 감정을 인정해 주는 것이 먼저다

때로 아이 일에 너무 잘 아는 사람이 연관돼 있다면 난처할 때가 있다. 연수 엄마는 애정이 넘치는 이웃집 할머니 때문에 곤란한 상황에 처한 적이 한두 번이 아니다.

하루는 외출을 했는데 거리에서 그 할머니를 만났다. 할머니는 연수를 보자마자 꼭 껴안고 뽀뽀를 했다. 연수는 싫어하는 기색을 보였지만 연수 엄마는 할머니가 난처할까 봐 아무 말도 하지 못했다.

이런 상황에서 연수 엄마가 할머니에게 아무 말도 못하면 연수의 기분이 상할 것이다. 또 이러한 상황에서 침묵함으로써 싫어도 싫은 기색을 하지 말아야 한다는 것을 연수가 암묵적으로 배우게 된다.

연수 엄마는 옆집 할머니의 감정을 배려하면서 아이가 싫어하는 행동을 하지 않도록 말해야 한다.

"우리 연수를 예뻐해 주셔서 고마워요. 그런데 연수는 누가 껴안는 걸 싫어해요. 그러니까 다음부터는 껴안기 전에 연수한테 물어봐 주시면 좋을 것 같아요."

그리고 연수한테는 이렇게 가르칠 수 있다.

"그 할머니가 널 껴안을 때 싫어?"

"네. 정말 싫어요."

"다음에는 네 의견을 말해. '나는 꺼안는 거 싫어해요.'라고 말하면 돼."

아이에게 상황을 정확히 짚어주고 가르쳐줌으로써 똑같은 상황에 처했을 때 잘 대처하도록 해야 한다.

부모가 아이의 감정을 존중하면 아이의 자존감이 높아진다. 그런데 문제는 세상의 많은 사람들이 아이의 감정을 받아들이거나 존중하지 않는 경우가 많다는 것이다. 이때 아이들이 느끼는 괴리감은 어떻게 해야 할까? 어떤 아빠는 이런 말을 했다.

"우리 아이는 늘 자신의 감정을 존중하고 인정하는 부모와 살아요. 그런데 그렇지 않은 다른 사람들과는 어떻게 공감대를 형성하며 살 수 있을까요? 대다수 사람들이 이렇게 행동하지 않는다는 걸 알게 되면 아이는 당황할 거예요."

사실 부모가 아이를 이해하는 것만큼 세상은 아이를 이해해 주지 않는다. 그러나 누군가 단 한 사람이라도 아이를 긍정적으로 바라보고 같이 기뻐해 주며 단 하나의 장점에도 감사하는 사람이 있다면 그 아이의 삶은 넉넉할 것이다.

유정 엄마가 그렇게 살아왔다. 유정이가 배우는 것에 서툴러도 머리가 나쁘다고 나무라기보다는 성실하다는 데 무게를 두고 가르쳤다. 유정이가 수영을 배우러 갔을 때의 일이다. 다른 아이들은 다 물 위에 떴는데 유정이만 물에서 첨벙거렸다. 그러자 수영 선생님이 "너 그렇게 하면 절대로 뜨지 못해! 머리를 물에 집어넣어야지."라고 말해서 유정이를 의기소침하게 만들었다. 하지만 유정이는 집에 돌아와 "엄마, 머리를 넣어야 물에 뜬대요. 내일은 나도 그렇게 해볼래요."라고 씩씩하게 말했다.

이처럼 부모가 전적으로 공감을 해주면 선생님이나 다른 사람들이 아이에게 부정적인 이야기를 해도 중요하게 생각하지 않는다. 이미 집에서 인정을 받고 자랐기 때문이다. 다른 사람들이 자신의 약점을 이야기할 때조차 긍정적으로 받아들이려고 노력한다. 그래서 부모가 아이를 믿고 인정해 주며 지켜보는 것이 중요하다.

익숙한 대화법은 굿바이!
대화법만 바꿔도
아이의 인생이 달라진다

아이의 감정을 인정해 주고 배려해 주면 집안에 평화가 찾아온다. 늦게서야 그것을 깨달은 준호 엄마는 이렇게 털어놓았다.

"아들이 잘못하면 비난하고 싶어져요. 잔소리를 늘어놓거나 달래거나 윽박지르고 싶은 마음이 굴뚝같지만 속으로 이렇게 말해요. '조금만 참아. 그렇게 한다고 해결되는 건 아니잖아. 아이한테 상황을 바로잡을 기회를 줘야 해. 벌을 주기보다는 그렇게 행동하면 어떤 결과가 나오는지 알게 하는 것이 나아.'라고 되뇌는 거죠. 그런 다음부터 아이가 화를 내거나 불평하면 즉각적으로 반응하지 않고 그 감정을 인정하고, 가능하면 왜 그런지 들어주는 편이에요. 덕분에 아들과의 관계가 훨씬 돈독해졌죠. 상상도 할 수 없는 일이 벌어진 거예요."

그런데 일주일 뒤 준호 엄마의 얼굴에 그늘이 드리워져 있었다.

"이번 주는 엉망이었어요. 준호가 잘할 때마다 칭찬을 했고, 못할 때도 비난하지 않았어요. 그런데 지난 화요일, 글쎄 준호가 할머니 꽃병을 깨뜨린 거예요. 비싼 것은 아니었지만 화가 났어요. 좋아요, 거기까지는 그렇다고 해요. 그런데 준호가 이 사실을 숨기려고 한 거예요. 나는 그만 화가 폭발하고 말았죠. 나를 속이려고 했다는 사실에 이성을 잃고 소리를 버럭 지르고 말았어요."

아이들은 천사도 아니고, 부모의 말을 무조건 듣는 꼭두각시도 아니다. 부모 또한 모든 것을 완벽하게 해내는 사람이 아니다. 때로 아이들이 아닌 다른 문제로 지쳐 있으며, 해결해야 할 문제가 산더미처럼 쌓여 있을 때도 있다. 따라서 아이들과의 관계가 더 악화되는 것을 막는 것만이 우선일 때가 많다.

열세 살인 승준이는 종종 엄마의 속을 상하게 한다. 그날도 엄마가 오랜 시간 공을 들여 음식을 준비했는데 승준이는 불평을 늘어놓았다.

승준 엄마, 이 닭볶음탕 어떻게 하는 거예요?

엄마 왜? 아주 맛있지?

승준 윽! 별로예요. 할머니는 맛있게 하시는데, 엄마 음식은 맛이 없어요.

> **엄마** 잠자코 먹기나 해. 난 맛있기만 하네. 네 입맛 맞추느라 엄마는 죽을 맛이다.
>
> **승준** 엄만 나더러만 뭐라고 해.

승준이는 저녁식사가 끝날 때까지 젓가락으로 깨작거렸고, 엄마는 속이 부글부글 끓어올랐지만 꾹 참았다. 승준이 엄마는 아들의 감정을 받아들이는 대신 "잠자코 먹기나 해.", "네 입맛 맞추느라 엄마는 죽을 맛이다."라는 말로 비난했다.

그런데 며칠 뒤 또다시 닭볶음탕을 내놓았을 때는 다른 방법으로 문제를 해결했다.

> **승준** (숟가락으로 국물을 좀 뜨더니) 엄마, 이 걸쭉한 것은 뭐예요?
>
> **엄마** 닭의 눈물이야.
>
> **승준** 정말요? 음⋯⋯ 그런 것 같기도 하네요.
>
> **엄마** 그래. 난 네가 좋아할 줄 알았어.
>
> **승준** 근데 닭이 죽을 때 눈물을 흘리지 않을까요?

승준이는 호기심 어린 얼굴로 닭볶음탕을 보더니 지난번과는 달리 아주 잘 먹었다. 승준이는 닭볶음탕의 국물을 좋아하지 않았지만 엄마의 유머에 흔쾌히 웃으며 즐겁게 식사했다.

부모가 아이에게 실수하거나 상처를 주었다고 낙심할 필요는 없다. 왜냐하면 이러한 시행착오를 통해 더욱 유익한 방법으로 아이들과의 관계를 개선할 수 있기 때문이다. 때로 오래된 습관이 튀어나와 충동적으로 행동했다 해도 그것을 만회할 수 있는 기회는 언제든 다시 찾아온다.

사실 가장 어려운 게 오래된 습관을 버리는 일이라고 한다. 익숙한 것을 버리는 것은 정말 힘들다. 따라서 새로운 기술을 쓰기 위해서는 많은 연습이 필요하다. 스케이트를 잘 타거나 피아노를 잘 치기 위해서는 수없이 빙판에서 넘어져야 하고 건반을 수없이 두드려야 한다.

아이를 키우는 일도 마찬가지다. 소통의 기술을 몸에 익히기 위해서는 많은 실수와 시행착오를 겪어야 한다.

다영이 엄마는 다영이가 예의바른 아이가 되도록 잔소리하고 윽박지르고 벌을 주기도 하고 때로 달콤한 말로 회유하는 등 갖은 방법을 동원해서 키웠다. 그러나 시간이 흐르면서 지금까지의 방식보다는 아이를 격려하고 긍정적인 메시지를 전달하는 것이 더 효과적이라는 사실을 깨달았다.

어느 날 다영이가 감기에 걸려 열이 심하게 올랐다. 유난히 병원에 가기 싫어하는 다영이는 그날도 병원에 가지 않겠다고 버티며 이불을 뒤집어쓰고 울면서 떼를 썼다.

엄마 네가 병원에 가기 싫어한다는 거 엄마도 알아.

다영 엄마, 난 정말 병원에 가기 싫어요. 안 갈래요.

(다영이 엄마는 아무 말도 하지 않은 채 등을 토닥이며 어루만져주었다.

이윽고 다영이가 울음을 멈추자 엄마가 말을 이었다.)

엄마 엄마도 알아.

다영 가기 싫다니까요!

엄마 그래, 엄마도 잘 알아.

(그러면서 다영이 엄마는 어떻게 해야 다영이가 병원에 가자고 할까 곰곰이 생각했다. 잠시 시간이 흐른 뒤 다영이 엄마가 입을 열었다.)

엄마 그런데 다영아, 아프면 병원에 가야 해. 그래야 병이 나아서 안 아파.

(울음을 그친 다영이는 엄마를 쳐다보았다. 그러자 엄마가 덧붙여 말했다.)

엄마 다영아, 병원에 가고 안 가고는 선택할 수 있는 문제가 아니야. 병이 나면 엄마는 네가 빨리 낫도록 병원에 데려가야 해. 그렇지만 네가 무섭지 않게 엄마가 도와줄게. 넌 병원에 가서 엄마 무릎에 앉아 있어. 그리고 의사 선생님한테 어떻게 치료할지 물어보자.

(잠시 아무 말 없이 있던 다영이가 말했다.)

다영 좋아요. 엄마가 옆에 있을 거죠?

엄마 물론이지. 엄마가 약속해.

예전 같으면 다영이 엄마는 "엄마 말을 듣지 않으면 장난감을 갖고 놀지 못하게 할 거야!"라고 윽박지르거나 "너, 시도 때도 없이 우는 맹꽁이지?"라고 면박을 주거나 "우리 병원에 갔다 오면서 예쁜 인형을 사자."라고 회유했을 것이다.

하지만 다영이 엄마는 완전히 다른 방법을 시도했다. 우선 "네가 병원에 가기 싫어한다는 거 엄마도 알아."라는 말로 아이의 감정을 인정해 주었고, "네가 무섭지 않게 엄마가 도와줄게."라는 말로 엄마가 아이의 보호자라는 것을 알려주었다.

물론 딸의 두려움까지 완전히 없애주지는 못했지만, 옆에 있어 줄 거라고 약속함으로써 아이에게 용기를 불어넣어 주었다.

또한 "병원에 가고 안 가고는 선택할 수 있는 문제가 아니야."라는 말로 어떤 일에는 제한이 있다는 것을 아이에게 확실히 알려주었다.

다영이 엄마는 병원에 가기를 두려워하는 다영이를 훌륭하게 설득해서 병원에 데려갔다.

그런데 처음부터 다영이 엄마가 아이와 관계를 잘 풀어간 것은 아니다. 분노를 참지 못하고 아이에게 화를 낼 때마다 무엇이 잘못되었는지 되짚어보았고, 그 다음에는 아이와의 관계를 좋게 만들기 위해 점검했다. 그랬더니 다영이 엄마와 다영이는 이야기가 잘 통하는 사이로 발전했다.

이 책에 담은 예들은 실제로 모두 일어났던 일이다. 그렇다고 여기에 나온 대화법을 그대로 적용하라는 말은 아니다. 왜냐하면 아이나 부모의 성향이 각기 다르고 가정환경 또한 다르기 때문이다.

내 아이는 부모가 가장 잘 안다. 따라서 아이에게 필요한 것이 무엇인지 부모가 제일 잘 알고 있으므로 나만의 방식으로 응용하는 것이 중요하다.

아이의 감정을 배려하는 대화를 빨리 시작할수록 아이는 사춘기를 수월하게 극복할 수 있다. 아울러 아이가 성인이 되었을 때 더 친밀한 관계를 유지할 수 있을 것이다.

어떤 부모든 아이가 성인이 되어 죄책감이나 의무감을 갖고 괴로워하기보다는 즐겁고 긍정적으로 살기를 원할 것이다. 그러기 위해서는 아이와의 관계를 원활하게 풀어나가야 한다.

아이는 부모의 행동을 보고 배운다. 부모가 아이에게 공감하고 격려하며 긍정적인 메시지를 끊임없이 보내면 아이도 친구나 선생님, 형제자매 등에게 그런 식으로 행동할 것이다. 그러면 아이는 좀 더 성숙한 인간관계를 형성하고, 더 나아가 행복한 삶을 누리게 될 것이다.

지금 아이에게 말하는 한마디 한마디가 내 아이의 행복과 미래를 좌우한다는 것을 기억하자.